【改訂版】

競争から共生の社会へ

自然のメカニズムから学ぶ

中山智晴 著

北樹出版

改訂版はじめに

　「幸せな暮らし」とは何なのだろう。日本人は1週間に平均317ドルを食費に掛けている。ブータンは5ドルである。どちらが幸せなのであろうか。簡単には比較できないが、生活満足度、富、健康、自然破壊度などから算出される「地球幸福度指標」や「世界幸福度」を見ると、ブータンは世界第10位前後であるのに対し、世界一の長寿国、世界第三の国民総所得など健康面や経済面では幸福なはずの日本人は、世界で90位前後の国に住んでいる。

　周囲に目をやると、改めて物の多さに驚く。本当にこれだけのものが必要なのだろうか。食卓に目をやると食べ物の多さに驚く。本当にこれだけのものが必要なのだろうか。我々は食べ物の3割を食べ残しや賞味期限切れで捨てている「食料廃棄率世界一」の国民である。家庭からの廃棄量は世界全体の食料援助量と同量に及ぶゴミと化している。

　そもそも「ゴミ」とは何だろか。ゴミとは人の世界にだけ存在する用語であり自然生態系の中ではすべての物が他の物に必要とされる関係にある。辞書には「最初から誰にとっても価値を生じない物。誰かが、何らかの理由で一度は所有し、その後価値を失った物」などと書かれている。日本では食べ残しがゴミとなり捨てられていくが、ブータンでは、そもそも食べ残しが少ないうえに活用されていく。すなわち、あるものにとってはゴミでも、別のものにとってゴミは宝の山なのである。ゴミは誰がその物体をゴミと考えるかに依存した相対的な定義なのである。

　私たち日本人は、豊かさを求めてきた中で忘れてしまった価値観はないのだろうか。幸福度の低さは、豊かさを「得ること」だけでは満たされず、自ら社会や周囲の人に「与える」ないしは「分かち合う」ことを求める時代からの遅れである。もともと日本人には「結、もやい」といった相互扶助の精神が綿々と受け継がれてきた。この関係性は3.11東北大震災を経て再燃し、現在では、私たちは全ての人が必要とされる社会に暮らすことを希望しているのではない

だろうか。すなわち、人にも自然にも物にも、必要とされないものなどない社会づくりが大切であることに気付いたのではないだろうか。

　人から受けた恩は返したくなるのと同じに、空気や水や木など自然から借りているものを使わせていただけば、それはきれいにして返す必要がある。自然を再生させること、ゴミを減らしていくこと、そして、地域の誰もが必要とされる社会をつくること、全てが根を同じくする大切な問題である。

　私たちの今後の生き方は、ムダ、ゴミとよばれるものに対して価値をいかに見出すかであり、そのために先ずライフスタイルを改善し、自然再生や人のつながりを形成する仕組みにより全てが必要とされる社会を作っていくことで、ムダをなくし、そしてだれもが必要とされる豊かな共生の社会づくりが形成されていくのである。生きるヒントは、自然の仕組みの中にある。

はじめに

　この地球上には、実に多くの生き物が共存して暮らしている。裏庭で暮らす小さな虫たち、森のクマやシカたち、そしてアフリカのゾウやライオンたち、この多種多様な空間に生息する一見無関係な生き物たちは、地球という生態系の中で有機的につながっている。そして、そのつながりの中をすべての物質が循環している。そのため、私たちのライフスタイルは自然環境に負荷を与え、劣化した自然環境は地球環境に影響を与え、そして再び私たちの生活環境を劣悪なものへ変えていく。私たちの何気ない行為は、知らず知らずのうちに遠い国の生き物たちを絶滅へと追いやり、そして私たちの生活に影響を与える。

　よりよい暮らしを考えるとき、それは人、自然そして地球が有機的につながり、そしてその輪の中をすべてのものが循環している、という現実を理解することからはじまる。そして、生態系のつながりや構成要素の一部が壊されたとき、その原因と発生する問題を理解することにより、私たちの暮らしが改善されていく。

　健全な地球の姿を取り戻し、人そしてその他の生き物たちが相互につながりをもちながら将来世代にわたって暮らしていくためには、生物多様性に富む環境を取り戻すことが必要かつ不可欠である。

　生物多様性に富む地球を取り戻すためには、生物多様性を形成している「遺伝子」、「種」そして「生態系」の多様性を高めていく努力が必要である。

　本書は、まず、生物多様性を高めるために必要となる「遺伝子」、「種」そして「生態系」の仕組みを学び、その後、生物多様性に及ぼす人間活動の影響を明らかにする。次に、生態系の健康診断を行う方法を学習し、治療の必要があるときには具体的な方針を立て、その質を高めるために保全、再生させていくための考え方、手法を学ぶ。

　地球環境の危機が進行する中で、将来世代にわたり持続可能な共生社会を創造するためには、人と自然の共生、生物多様性の保全、循環型社会の形成に向

け一人ひとりが生き方を改善することが重要である。持続可能な共生社会は「共生理念に基づく社会」、「自然の恵みを賢く使う社会」そして「自然の恵みを豊かにする社会」から成ると考え、それぞれについて自然の仕組みを参考にした視点から私たちの目指す理想の社会像を明らかにしていく。最後に、共生社会を形成していくための取り組みとして、私たちが地域と連携して実践している「食農教育活動による共生社会作り」の例を紹介する。

多種多様な生き物が相互にかかわりをもちながら形成される集合体が地球であり、その地球を支えているのが生物多様性、そして生態系である。自然の仕組みを理解し、その中に隠れている共生の仕組みを理解し、参考にして私たちの今後の生き方を模索していくことが重要である。自然の中には、私たちが忘れてしまった生きるヒントが数多く隠されている。

生態系内では、個体で生きていくよりも遥かに強く生き残れる、双方が利益を得る共生の構造が存在する。この共生関係は生物間の敵対や競争よりも安定した社会であり、資源を取り尽くす心配のない関係にある。人間はヒトであり、ヒトは生態系を構成する一員であることを理解すれば、ヒトと、ヒトを制御する人間の共生関係を再構築することが、21世紀の共生社会を考える基盤となるのである。

本書の最後「私たちの進むべき道 〜自然界の仕組みをヒントに〜」には、第3章で述べる人間社会のさまざまな問題を改善するために、参考となるであろう事柄として、第1・2章で取り扱う自然界の仕組みを対応させ、表にまとめている。いうまでもなく、自然界の仕組みを即人間の社会問題に適用することには無理がある。なぜならば、人間はすでに生態系を支配する側の立場にあり、周囲の生き物とは異質でかけ離れた生き方をしている場合が多いからである。それでも、自然界の仕組みは私たちの将来を考えていくうえで多くの有益な示唆を与えてくれる。私たちが進む道を考えていく際の参考になれば幸いである。

目次

第1章　命あふれる自然の仕組み……………………………3

1》》　生物多様性とは ………………………………………… 3
2》》　遺伝子の多様性 ………………………………………… 6
　　　1．遺伝子とは（6）2．遺伝子の多様性とは（7）
3》》　種の多様性 ……………………………………………… 9
　　　1．生物界の分類（9）2．生物分類（11）3．種とは（14）
4》》　種内関係、種間関係 ……………………………………15
　　　1．種内関係（15）2．種間関係（17）3．ギブアンドテイクの相利共生関係（21）4．生物多様性を創出する種の分化（23）5．種の多様性（24）
5》》　生態系の多様性 …………………………………………25
　　　1．生態系とは（25）2．生態系の構造（25）
6》》　生態系の物質収支 ………………………………………32
　　　1．生産者の有機物生産（32）2．消費者の物質収支（33）
7》》　生態系内でのエネルギーの流れ ………………………34
8》》　生態系内での物質循環 …………………………………37
9》》　生態系の範囲と平衡 ……………………………………43
10》》　景観の多様性 ……………………………………………45

第2章　生物多様性を保全する……………………………48

1》》　生物多様性の減少 ………………………………………48
　　　1．生物多様性の危機（49）2．生態系の多様性を守る（51）
2》》　絶滅しやすい種を考える ………………………………54

vii

　　　　1．個体群の問題（54）2．生息地の問題（55）3．
　　　　移動の問題（55）4．その他（55）
　3»》　個体群を保全する……………………………………56
　　　　1．絶滅のメカニズム（56）2．絶滅の可能性（58）
　　　　3．集団を保全する（62）
　4»》　生息地を保全するために……………………………63
　　　　1．保護・保全地域の分類（63）2．保護のための優
　　　　先順位（64）3．ギャップ分析（65）4．保護地域の
　　　　デザイン（66）
　5»》　生物多様性を保持するうえでの方針…………………73
　　　　1．エコシステム・アプローチ（74）2．国際的取り
　　　　組み（75）

第3章　大きくなりすぎた人間社会……………………………78

　1»》　共有地の悲劇……………………………………………78
　　　　1．共有地の悲劇とは（78）2．経済合理主義が招く
　　　　共有地の悲劇（81）3．4大環境悲劇から地球を考え
　　　　る（83）
　2»》　現代の地球の問題点……………………………………88
　3»》　望ましい社会のあり方とは……………………………92

第4章　自然のメカニズムから学ぶ共生………………………96

　1»》　共生とは…………………………………………………96
　2»》　自然界の相利共生事例…………………………………97
　　　　1．種間関係における相利共生の関係（97）2．種内
　　　　関係における相利共生の関係（98）3．軍拡競争によ
　　　　る共進化（99）
　3»》　なぜ、共生社会が必要なのか…………………………99
　4»》　社会科学分野への展開………………………………102
　5»》　経済・経営学分野への展開…………………………103
　　　　1．すみわけの戦略：ニッチ戦略（104）2．すみわ
　　　　けの戦略：不協和戦略（105）3．共生の戦略：協調

　　　　戦略（105）

第5章　私たちの進むべき道〜3つのバランス〜……………………………… *107*

　　1》》》　3つのバランス ………………………………………… *107*
　　2》》》　共生理念に基づく社会 ………………………………… *109*
　　　　1．生物多様性を保全する（109）2．自然との共生：
　　　　2つの立場（111）3．環境保護の思想（113）4．デ
　　　　ィープ・エコロジー（114）5．バイオ・リージョナ
　　　　リズム（120）
　　3》》》　自然の恵みを賢く使う社会 …………………………… *122*
　　　　1．トリレンマの構造（124）2．地球的公正とは
　　　　（125）3．江戸時代の人々の暮らし（132）4．現代
　　　　の人々の暮らし（134）5．生活を自然に合わせる暮
　　　　らし（137）
　　4》》》　自然の恵みを豊かにする社会 ………………………… *139*
　　　　1．農の現状（140）2．都市・農村のあり方（143）
　　　　3．自然の恵みを豊かにする都市-農村の構造（147）
　　　　4．里地里山の自然再生と地域作り（152）5．エコ
　　　　ロジカル・ネットワーク作りによる生物多様性の保全
　　　　（155）

第6章　21世紀の共生社会を考える ……………………………………… *160*

　　1》》》　自然環境と文化環境の調和する社会とは …………… *160*
　　2》》》　生き延びるための「文化的多様性」と「生物多様性」……… *161*
　　3》》》　持続可能な社会を実現する3つのバランス ………… *164*
　　4》》》　「生物多様性」、「文化的多様性」と「言語多様性」の関係 … *166*
　　5》》》　多様性を次世代に伝える教育 ………………………… *167*
　　　　1．開発教育（168）2．環境教育（168）3．人権教
　　　　育（169）4．平和教育（169）

おわりに ………………………………………………………………………… *172*
私たちの進むべき道〜自然界の仕組みをヒントに〜 …………………… *176*

[改訂版]
競争から共生の社会へ
～自然のメカニズムから学ぶ～

1 命あふれる自然の仕組み

　改めて身の回りに目を向けたとき、そこには無数の生き物が存在し、私たちは、それらにより成り立っている生態系の豊かさやバランスの中で生かされていることを理解する。無数の生き物が相互に関係を保ちながら多様な生態系を形成し、生物多様性を豊かなものとし、その結果として地球環境と私たちの暮らしを支えている。

　私たちの暮らしは食料、化石資源、木材、医薬品など生物多様性からの恵みに支えられて成立している。さらに、生きるために必要な酸素やきれいな水、土壌など、すべてが、生物多様性を構成する植物や微生物などによって生成、浄化されている。

　国際連合の提唱した「ミレニアム生態系評価」では、生物多様性は生態系が提供する幸せな暮らしに欠かせない生態系サービスの基盤であり、以下の4つの機能に分類しその意義について紹介している。

- 供給サービス（食料、燃料、医薬品、水など、人間の生活に重要な資源を供給するサービス）
- 調整サービス（大気・水質汚染や気候変動、病害虫発生の調整など人間社会に対する影響を緩和するサービス）
- 文化的サービス（生態系がもたらす精神面、文化面での豊かさを提供するサービス）
- 基盤サービス（上記3つのサービスの供給を支えるサービスで、エネルギーや物質の循環など）

　エネルギーや物質の循環を支えるという側面から精神や文化に至るまで、生物多様性は私たちの暮らしに不可欠なものである。

1 》》 生物多様性とは

　地球上に生息する生き物は、約40億年に及ぶ進化の過程で多種多様に分化し、生息環境に応じた相互の関係を築きながら「生命のゆりかご」地球を形作っている。このような多様な生き物の世界を「生物多様性」という。

「生物多様性」は単に生き物の数や種類が多様ということではなく、同一種内の生き物の遺伝子の多様性、さらには生き物と環境とのつながりの多様性などをも含む広い概念である。
　世界自然保護基金（WWF）の定義によれば、生物多様性とは「地球上の生命の総体を意味し、したがって、すべての植物、動物、微生物、これらすべての生物の遺伝子と生物を取り巻く自然環境からなる複雑な生態系」を指す。すなわち、生物多様性は下層から上層に向けて、遺伝子（gene）、種（species）（または個体群（population））、生態系（ecosystem）（または群集（community））の3つのレベルから構成されている。
　さらには、生態系の上位におかれる概念として「景観（landscape）」を取り扱うこともある。つまり、生態系の多様性によって複数の生態系をその内に含むものが、景観の多様性ということである。生態系のうえに景観をおいて考えたときには、生物多様性は4つのレベルの階層性で構成されることになる。
　この3つ、あるいは4つの階層の要素は、それぞれ有機的なつながりで結ばれている。すなわち「遺伝子の多様性」は種や個体群を構成し、「種の多様性」は「生態系の多様性」を構成する。そして「生態系の多様性」により複数の生態系を含み成立する「景観の多様性」が形成されているのである。
　同一の種であっても、生息する地域や個体間によって形態や遺伝的形態に相違がある。これを「遺伝子の多様性」という。種内に存在する遺伝情報の多様性を意味している。そして、ある生態系内をみると、そこには土壌中の微生物から生態系ピラミッドの頂点に立つ猛禽類や大型哺乳類といった多種多様な生き物がそれぞれさまざまに適応し食物連鎖の中で生活している。これを「種の多様性」という。さらには多種多様な生き物は、大気、水、土壌等と相互にかかわりをもちながら一体となり森林、河川、干潟など多種多様な生態系を構成している。これを「生態系の多様性」という（図1-1）。
　生物多様性の最上位の階層である「景観の多様性」は多種多様な生態系から構成されているが、自然と人間の活動の協働により形成される、生育場所の種類と空間的配置である。都市景観、農村景観とよばれるように、人為が介在し

(1) 遺伝子の多様性（各々の種に内在する遺伝的変異）

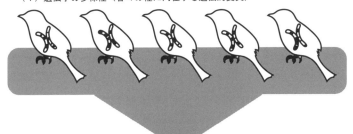

(2) 種の多様性（各々の生態系に存在するすべての種）

(3) 生態系の多様性（各地域内に存在する生息地の種類と生態系の過程）

図1-1　生物多様性3つのレベル

て形成される生態系（二次的自然）を含む概念である。伝統的農林水産業のあり方と関連して地域に残されてきた地域固有の二次的自然の損失が、日本の生物多様性を貧困化させている主原因のひとつであることから、「景観の多様性」を再生することは重要な課題である。

生物多様性は生態系のバランスを維持するうえで重要であり、私たち人間の生活を支えてくれるうえでも計り知れない恵みを与えてくれる。

　現在、この遺伝子、種、生態系あるいは景観を含む生物多様性は急激に劣化している。日本だけにとどまらず地球規模で進行するこの生物多様性劣化の規模と速度は、私たちが引き起こした人災なのである。

2 》》》 遺伝子の多様性

＊1　遺伝子とは

　「遺伝」とは、一般に親から似た子供ができることを意味する用語である。19世紀中ごろ、オーストリアの植物学者グレゴール・ヨハン・メンデルの8年にも及ぶエンドウの交雑実験を通して得た結果である「遺伝に関する法則」は有名である。

　メンデルはエンドウのもっているさまざまな「形質」の中から7つの「対立形質」、すなわち、種子の形、子葉の色、種皮の色、さやの形、さやの色、花のつきかた、草丈を選び、交雑実験を通しその発現について調べていった。「形質」とは生き物の形や大きさ、色などの性質のことで、「対立形質」とは、生き物には黒と白、丸としわ、大きい小さいといった互いに対になる性質があることを意味している。

　メンデルは、この対立形質は遺伝すると考え、その形質のもとになる単位となる要素（現在の遺伝子に相当）の存在を仮定したのである。遺伝子は染色体の特定の位置を占め、このうち対立形質のもととなり対になっている遺伝子を「対立遺伝子」という。高等生物はすべて遺伝子を必ずペアでもっている。親から子へ遺伝子が伝えられるときにお互いにどちらか一方が選ばれるような関係にある一連の遺伝子で、ヒトのABO式血液型ではA遺伝子、B遺伝子およびO遺伝子の3つの対立遺伝子がある。

　遺伝子は一般的にはアルファベットの一字をあて、大文字で優性遺伝子を小文字で劣性遺伝子を示す。AA、Aa、aaと表記される遺伝子型では、着目して

いる形質の遺伝子がAAのように同じ組み合わせになっている場合を「ホモ（同形接合体）」、Aaのように異なる組み合わせになっている場合を「ヘテロ（異形接合体）」とよぶ。ヒトのABO式血液型ではAA、BBおよびOOの遺伝子型がホモであるが、AO、BOおよびABの遺伝子型がヘテロである。

着目する形質の遺伝子をヘテロにもつ個体で、形質が発現するほうを「優性」、発現しないほうを「劣性」という。対立遺伝子をそれぞれホモにもつ両者を交配させることを「交雑」とよび、AA×aa、AABB×aabb、AAbb×aaBB、AaBB×AABbなどの場合に相当する。交雑によって生まれた子孫を「雑種」、すべての遺伝子についてホモの個体から生まれた子孫を「純系」という。

細胞は大きく「核」と「細胞質」に分けられる。核は細胞の生きる働きをコントロールするだけでなく、染色体が含まれている。染色体には多数の遺伝子があり、そのうちの一対の対立遺伝子にのみ注目して交雑したときにできる雑種を「雑種第一代」とよぶ。

草丈の高い純系（遺伝子型AA）と低い純系（遺伝子型aa）が交配すると、雑種第一代の遺伝子型は、Aaだけの一種類となる。しかし、この遺伝子型がもとになって外に現れる形質は、そのうち一方、すなわち劣性の形質は現れずに優性の形質のみが現れる。これを「優性の法則」という。

「近交弱勢」は、その結果として劣性遺伝子のホモ結合の遺伝子（aaタイプ）をもっている部分が増加し「優性の法則」が成立しない形質が発現する現象である。

＊2　遺伝子の多様性とは

「遺伝子の多様性」とは、地域集団（地域個体群）の内部にみられる遺伝的情報の多様性を意味する。同じ種の生き物でも、品種の差や地域の環境に適した進化を遂げることにより遺伝的な差が生じる。このように同種の生き物の個体間にみられる形質の相違を「変異」とよぶ。変異には遺伝と無関係の「環境変異」と遺伝による「突然変異」がある。

遺伝的な効果（品種）の異なるキュウリは味や大きさなどの形質が異なり、

また同じ品種であっても肥沃な土地では大きく成長するという環境の効果が関係し、自然界の変異は生み出される。このようにひとつの種の中で、周囲環境や品種の差が生み出す遺伝的な差を「遺伝子の多様性」という。
　遺伝子レベルの多様性が乏しく画一的（遺伝的劣化）であると、突発的な感染症などの発生に対しすべての個体が対応できずに死滅していったり、遺伝的に近縁の個体同士が交配する機会が増えることで繁殖力が低下したり、形質の弱い個体が生まれやすくなる（近交弱勢）。さらに遺伝的交流が途絶えることで近交弱勢が促進され、個体数の減少が生じて個体群の衰退がはじまる。最終的には生態系全体が崩壊していく。生息地の破壊・分断により地域集団に含まれる個体数が減少すると、偶然にある遺伝子をもった個体の役割が増え（遺伝的浮動）、その結果「遺伝子の多様性」は減少する。個体数が少ないときに、失われた多様性を回復させることは困難となる。
　また、生き物が在来の生息環境とは異なる地域に人為的に放流、放逐され、その土地に遺伝的に近縁な種がいれば交雑による遺伝子汚染が生じる。そして在来個体群の遺伝子の損失、つまりは「遺伝子の多様性」の損失となるのである。
　1858年に発表された「ダーウィンの進化論」は「総合説」といわれる進化理論に発展した。総合説では遺伝子の突然変異で生存に有利なものが自然選択（自然淘汰）され子孫に受け継がれていくと考える。さらに遺伝子の頻度が偶然の要因で変化していく「遺伝的浮動」が自然選択によらない進化（遺伝子頻度の変化）の主要因をなすものと考えている。遺伝的浮動は親の世代の遺伝子を維持するのに十分な子孫を作れないような小規模集団においては重大な問題となる。また、2つの独立集団内の遺伝子の交流を妨げる隔離によって、進化の速度や方向が強調されると考えている。

3 ››› 種の多様性

*1　生物界の分類

　現在の地球上には約40億年もの長い歴史の中で進化してきた多種多様な生き物が生息している。この40億年間の生き物の進化過程で作られたつながりを「系統」という。この系統の解明はいまだ不完全であり、完全に解明されることは不可能と予想されるため、生き物の分類もまた困難なのである。

　一般的に生き物は、「界」、「門」、「網」、「目」、「科」、「属」、「種」の7段階に分類され、必要に応じて門の次に「亜門」、網の次に「亜網」という細かな段階を設け、種の下には「亜種」や「変種」が設けられる。「亜種」とは2、3の点で差が認められるが種として分けるほどでもなく、生息区域に差がみられる場合に用いられる。「変種」とは2、3の点に差異が認められるが、生息区域に差のない場合に用いられる。

　種の記載は，対象とする生き物の所属を明らかにすることである。ヒトの個人が住所と名前で特定されるように、所属と名前がわかれば確定できる。例えば、ヒトという動物なら、動物界―脊椎動物門―哺乳網―霊長目―ヒト科―ヒト属―ヒト（種）となる。学名はラテン語の属名と種名を示す名（種小名）を組み合わせて「ホモ・サピエンス」となる。ヒトは和名である。

　このように属名と種小名とを並べた学名のつけかたは「二名法」とよばれ、分類学の父といわれるカール・フォン・リンネが考案したものである。

　生物分類の階層構造でもっとも上位にくるのが界であるが、分類の考え方により数種類の「界」の分類法がある。生き物を「植物界」と「動物界」の2つの界に分けて分類する方法、さらに「菌界」を加え3つの界に分類する方法、さらには「原核生物界（モネラ界）」、「原生生物界」を加えて5つの界に分類する方法がある。これを「生物五界説」といい、細胞の発達の仕方によって原核生物と真核生物に分ける方法である。

　界の分けかたには歴史的に 二界説（植物界、動物界）、三界説、五界説、八界説などがあるが、そのほかにもあり、これらの考えかたも今後変わる可能性は

大いにある。

(1) 二 界 説

古くからの生物の分類法で生物を動物界（動いてエサをとるもの）、と植物界（動物ではないもの）の二界に分類したものである。二界説は理解が容易なだけでなく、学問的にも受け入れられ、今世紀のはじめまで用いられてきた。しかし観察技術の発達、生物学への認識が深まるにつれて、二界という単純な生物観では実際の生物界を十分に説明できない状況が生まれてきた。例えば単細胞生物の多くが動物と植物の性質を合わせもつなどの事実である。

(2) 三界説、四界説

19世紀に入り、生物進化の最大のギャップが原核と真核の生物のあいだにあることが理解されるにつれて、エルンスト・ヘッケルは動物とも植物ともとれる原始的な生物を3番目の生物界、原生生物界として分離し、動物界、植物界、原生生物界の三界とした。また、それまで植物界に属していた菌類が、生殖様式あるいは栄養様式など多くの点で植物とは異なっているとの認識が深まり、三界説や四界説という新たな分類群の設立が提案されるようになる。

(3) 五 界 説

ロバート・H・ホイタッカーの提唱した分類法で現在広く受け入れられている。細胞核をもたない原核生物をモネラ界として、カビ、キノコ、コケなどを菌界として新たに分離し、モネラ界、原生生物界、植物界、菌界、動物界の五界とした。ホイタッカーは生き物のエネルギー獲得には光合成、捕食そして吸収があり、これらが植物（生産者）、動物（消費者）、菌類（分解者）という高度な真核生物の生物群に対応していることに注目して分類システムを構築した。

そのほかにも、五界説のわかりやすさを残した八界説が提唱されている。八界説では生物を古細菌界、真正細菌界、アーケゾア界、原生動物界、クロミスタ界、植物界、菌界、動物界に分類する。

＊2　生　物　分　類
(1)モネラ（界）
　モネラ（原核生物）とはDNAはもっているが核膜のない細胞からなる生き物で、地球上にもっとも早く出現した細菌類（球菌、カン菌など）とラン藻類（ネンジュ、ユレモなど）、これに細胞構造をもたないウイルス類を加えたものである。このような原始的な核をもつ細胞を原核細胞とよび、原核細胞をもつ生き物を「原核生物」という。

　細菌とラン藻類以外は、膜に包まれた核をもつ細胞（真核細胞）からなる「真核生物」である。ヒトなど脊椎動物から植物、原生動物などほとんどの生き物がこれに含まれる。

　・核：細胞の生命活動に不可欠な構造体。DNAは核の中にある。核を取り除くと細胞は死んでしまう。
　・核膜：二重膜で核と細胞質のあいだにある。核膜孔という穴があいている。
　・細菌類・細菌：単細胞（原核細胞）の微生物で、バクテリアともいう。
　・ラン藻類：体は単細胞であるが多くは糸状や球状の群体を成す原核生物。

　細菌とは単細胞の微生物のことで、バクテリアともよばれている。宿主に付着し、宿主の栄養分を利用し、自分の遺伝子を自分の中で複製し細胞分裂をして増殖する。

　一方、ウイルスは、遺伝子情報（DNAまたはRNA）とそれを囲むタンパク殻（カプシド）からなる微粒子のことをいう。細菌とウイルスの決定的な違いは、細菌は単細胞の微生物であるが細胞分裂をして増殖していく。しかし、ウイルスは自分の細胞をもたないため自分自身だけでは増殖することができず、他の細胞に寄生することでしか生きていく方法をもたないことである。

　ウイルスは、細胞に入ることによって宿主の細胞の小器官を使い、自身の遺伝子を複製する。ウイルスは、細胞の中に入ることでしか自分自身の遺伝子を複製できない。細菌はもっとも小さいものでも、1～5マイクロメートルほどであるのに対し、ウイルスは20～970ナノメートルと小さい。この小さなウイルスがありとあらゆる生き物の細胞に寄生し、タンパクの合成やエネルギーを

利用して増殖し、さまざまなマイナス作用を及ぼした結果が「病気」となるのである。

(2) 菌（界）

真核、クロロフィルをもたず、他の生き物から栄養分を摂取する従属栄養生物のことである。キノコやカビの仲間をまとめて「菌類」という。

菌類は真核生物の3つの界（植物、動物、菌）のひとつを形成し、有機物分解という行為によって物質循環の輪をつなぎ、緑色植物と共生して間接的に有機物生産を行うものもある。生物多様性と生態系の平衡状態を維持するために、菌類が果たしている役割は大きい。

(3) 植物（界）

光合成の主色素として「クロロフィルa」をもち、光合成を行う生き物を「植物」という。

紅藻植物門（アサクサノリ、テングサなど）、橙色植物門（渦ベン毛藻、ケイ藻など）、黄色植物門（コンブ、ワカメなど）、ミドリムシ植物門（ミドリムシ）、緑色植物門などがある。

とくに緑色植物門は植物の中では最大で、緑藻網（クロレラ、アオミドロなど）、シャジクモ網（シャジクモ、フラスモなど）、コケ植物網（タイ類のゼニゴケ、セン類のミズゴケ、ツノゴケ類のツノゴケなど）、シダ植物網（スギナ、ワラビ、ゼンマイなど）、裸子植物網（イチョウ、スギ、ヒノキなど）、被子植物網（ブナ、コナラ、シイ、イネなど）などに細分化される。

裸子植物網と被子植物網は、種子植物（亜門）が細分化されたものである。種子植物とは維管束（水分、養分の通路）がよく発達し、種子ができる植物である。

イチョウやスギ、ヒノキ、マツなどの裸子植物は、ふつう花びらやがく片（がくを作っている1枚1枚の片のこと）はなく、めしべの胚珠（受精によって、その内部で胚を形成、成熟して種子となる器官）は露出している。

一方、ブナ、コナラ、シイやイネなどの被子植物は、ふつう花びらやがく片があり、胚珠は子房に包まれている。子葉の数が1枚か2枚かで、単子葉類（タマネギ、イネ、チューリップなど）、双子葉類（ブナ、コナラ、シイなど）に分けられる。

(4) 動物（界）

　真核生物で細胞壁、クロロフィルをもたず、他の生き物から栄養を摂取する従属栄養生物のことである。多細胞の「後生動物」である。

- 両生類：両生網に属する動物を総称して両生類とよぶ。約４億年前に最初に陸上生活をはじめたイモリやカエル、オオサンショウウオなどの脊椎動物である。幼生は水中で生活しエラ呼吸をするが、変態して成体になると肺呼吸をする。両生類の由来は、水中生活と陸上生活とに適応した動物であることにある。変温動物で卵生である。

　変態とは、動物の生育過程において著しく形態を変えることを表す。とくに、幼生と成体のあいだで形態が大きく変わることが多い。それに伴い、生活様式や生息場所が変化する場合もある。

　昆虫でも、幼虫が成虫になる過程で変態を行う。チョウ、ハチ、ハエ、カブトムシなどのように卵→幼虫→蛹→成虫と変態していくことを「完全変態」という。完全変態を行う種の幼虫は、成体とまったく異なった形態をとる場合が多い。一方、セミ、トンボ、バッタ、ゴキブリなどに代表されるように蛹を経ず、幼虫が直接成虫に変態することを「不完全変態」という。不完全変態をする種では幼虫と成虫の形態が比較的似ていることが多い。

- 爬虫類：爬虫類網に属する動物を総称して爬虫類とよぶ。トカゲ、ヤモリ、ヘビ、カメ、ワニなどの変温動物で、一般的に卵生である。
- 鳥類：鳥網に属する動物を総称して鳥類とよぶ。二足歩行をし、前足の代わりに翼をもつ。皮膚に羽毛があり、恒温動物、卵生である。
- 哺乳類：哺乳網に属する動物を総称して哺乳類とよぶ。母親の子宮内で子供を育て出産するという胎生（カモノハシ目を除く）で、出産後は母乳で子供を育てる。一定の高い体温をもつ恒温動物である。

(5) 原生生物（界）

　原生生物界は、真核生物で単細胞の「原生動物」であり、植物界、菌界、動物界のいずれに分類すればよいのかわからない生き物を分類するうえで設けられた生物界である。

原生動物門　ベン毛虫綱（ベン毛をもつ）
　　　　　　根足虫綱（仮足で動くアメーバーやホウサンチュウなど）
　　　　　　繊毛虫綱（体表面に繊毛をもつゾウリムシ、ツリガネムシなど）
　　　　　　胞子虫綱（胞子で増えるマラリア原虫など）

*3　種とは

　「種」は生物分類の基本単位であり、同時に生物群集を構成する基本単位である。「形態がよく似ていてほぼ一定区域に生息し、相互に正常な有性生殖を行うが、他の仲間とのあいだでは生殖できないような個体群」を意味する用語である。互いに交配できない単位（個体グループ）を別種とみなす考えかたである。このような個々の個体群が種とよばれ、群集内でそれぞれの生態的地位を占めている。

　「個体」とは、1個の独立した生命体のことで、通常、細分化することのできないひとつの体をもち、生殖・運動などの生命活動を営むことのできる構造と機能をもつ。体を構成する細胞の数は異なっていても、ゾウもミジンコも1と数える。このように、生きていくために必要かつ十分な構造と機能を備えたものを個体という。

　「個体群」とは、ある地域または限られた空間に生息する何らかのまとまりをもった同種の個体が集合し、統一的な行動をとるものである。ある生き物が群を作っているかいないかにかかわらず、ある地域に生息する同じ種類の個体をまとめて「個体群」とよんでいる。ある草むらのバッタの集団、河川上流のイワナの集団などは、それぞれ個体群である。個体群の形態をとることで外敵に対する警戒や防御、食物の確保、生殖活動の容易化などの利点がある。後述するように、個体群の中では生活空間や食物や配偶者を獲得し合う「種内競争」や、食物や巣の確保のために一定空間を占有し他の個体を排除する「なわばり制」、個体間に優劣ができ、それによって秩序が保たれる「順位制」などの行動形態がみられる。

　「群集（生物群集）」とは、ある地域に生息するすべての種の個体群の集まり

のことである。例えば、ある地域に生息している数種類のトンボをまとめて「その地域のトンボ類群集」とよぶことがある。

群集は植物の個体群の集まりである「植物群集」、動物個体群の集まりである「動物群集」、土壌中に生息する「微生物群集」から構成されている。そのうち植物群集は「植物群落」または単に「群落」とよばれることがある。

図1-2　生物界の階層（レベル）

（個体が集まり個体群を形成し、個体群が集まり群集を、そして群集が集まり生態系を構成している。）

その際、その地域に多い植物（優占種）の名前をとり、例えばブナが多い植物群集のことを「ブナ群落」とよぶ。

生き物の集団と、それを取り巻く非生物的な環境を合わせて、ひとつの機能的なシステムとしてとらえたものを「生態系」とよぶ（図1-2）。

4 》》》 種内関係、種間関係

＊1　種内関係

個体群の中の同種の個体間には、さまざまな関係（種内関係）がみられる。

(1)なわばり制

特定の個体が、他の個体の侵入を防御・排除する現象を「なわばり制」といい、その行動範囲の空間を「なわばり」あるいは「テリトリー」という。

主にアユなどの「エサ」を守る場合、トンボなど「配偶者」を守る場合、イヌワシやライオンのように、この2つを守る場合の3つのタイプに分類できる。

エサを守るタイプのアユは、川底の小石に付着するケイ藻やラン藻をエサとするが、各個体はそれぞれ1平方メートル程度のなわばりを有している。イヌワシやライオンは、双方を守るため大きななわばりを有している。

(2)順位制

　動物の群を作る個体間に優劣の順位ができることにより、個体群の秩序が保たれる現象を「順位制」という。

　ニワトリ小屋のニワトリは、すべての仲間を突っつくもっとも強い個体から、すべてに突っつかれるもっとも弱い個体までの順位が決まる。一度順位が決まると、その順位でエサを食べるようになる。コクマルガラスやタイワンリスでも同様の現象が確認されている。

　個体群は、適当な生息環境と食べ物があれば、個体数や個体群密度は増加していく。これを「個体群の成長」という。

　しかし、実際には個体群はある時期を境に増加率が低下し、成長は抑制される。このため実際の成長曲線はS字状の曲線（ロジスティック曲線）となる（図1-3）。これは、個体数が増えると食べ物や生息空間を巡って個体間の競争（種内競争）が発生し、エサ不足、排出物の増加、さらにはなわばり争いや順位制の機能がマヒすることによる秩序の乱れなどによる結果であると考えられている。

　このように、一般的には個体群は環境から受けるさまざまな作用で個体群密度の平衡が保たれることとなる。しかし、地滑りや山火事あるいは外来種の侵入などによる生息地の破壊や、エサ不足により個体群は崩壊していく。一方で天敵が絶滅したり、新たなエサが供給されると爆発的に増加していく場合もある。

(3)リーダー制

　順位制社会に、さらにリーダーやサブ・リーダーなどが現れ群を統率する現象を「リーダー制」という。ニホンザルやゴリラなどにみられる。

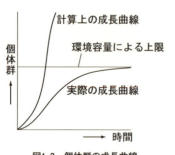

図1-3　個体群の成長曲線

＊2 種間関係
(1)食う―食われるの関係

　生き物同士は「食う-食われるの関係」でつながっている。食う側は「捕食者」、ほかの生き物に食われる側は「被食者」とよばれ、両者の関係を「食う-食われるの関係」あるいは「被食者-捕食者相互関係」という。捕食者も被食者となる場合がある。例えば、イナゴはイネを食べることから捕食者といえるが、カエルに食べられるので被食者にもなる。

食物連鎖　　食う－食われるの関係が鎖のようにつながっている

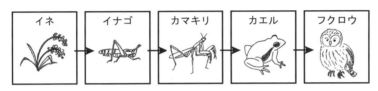

食物網　　食う－食われるの関係が複雑に絡み合っている

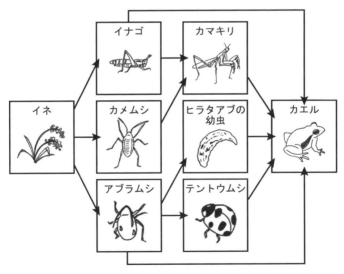

図1-4　食物連鎖と食物網

このように「食う-食われるの関係」は、一連の鎖のようにつながっている。そこでこの関係を「食物連鎖」とよぶ（図1-4）。食物連鎖において、その出発点が生きた植物体となっている場合を「生食連鎖」という。この場合、出発点となる植物は、陸上では樹木や草本であり、海洋では海藻、植物プランクトン、川や湖では水草、植物プランクトンなどである。

一方、デトリタスを摂食することから始まる食物連鎖を「腐食連鎖」という。「デトリタス」とは、動植物の遺体やその破片、あるいは動物からの排出物ならびにそれらの分解物などを総称する言葉である。例えば、森林で地表部に堆積している落葉、落枝植物体が菌類や細菌などにより分解された腐植土層などがデトリタスである。

一般に外来生物が侵入した土地で一時的に爆発的な個体数の増大をみせるのは、まだその土地本来の食物連鎖に組み込まれていないために個体数の制御がなされないためだと考えられる。通常は種によってエサが異なることが、ある種だけが生物群集の中で多数を占めることができない大きな要因となっている。

捕食者は1種類の生き物しか食べないかというとそうでもなく、ふつうは複数の生物種をエサにしている。このような場合、「食う-食われるの関係」が1本の鎖ではなく複雑な網目状になることから「食物網」とよんでいる（図1-4）。

(2) 生態的地位（ニッチ）

個々の生物種は、それぞれが周囲の環境を通して好適な生息環境を見いだしている。これを「ハビタット」とよび、同一ハビタットの中での競争の結果、生息・生育可能な落ち着き場所を探している。これを「生態的地位（ニッチ）」という。

生態的地位には食物環境に関連した「食物連鎖上の地位」と、温度や湿度といった無機的環境と関連した「生活空間の場所的地位」のふたつがある。

異なる地域の生物群集で同じような生態的地位をもつ生き物同士を「生態的同位種」という。アメリカ大陸に生息するピューマとアフリカ大陸に生息するライオンは肉食動物で食物連鎖の最上位にいる点（食物連鎖上の地位）そして草原から森林にかけて生息する点（場所的地位）でも大変似ている。

例えば、ピューマとライオンが同じ場所で生活をしたらどのようなことが起こるのだろうか。おそらく、生活場所や食べ物を争い、どちらか一方が残るか、あるいは、どちらか一方が生活場所や食べ物の種類を変え共存することになるであろう。

このように、生態系では「ニッチ（食べ物や生活場所）を共有する複数の種の共存は困難である」という考えかたがある。これを「競争排除の法則」あるいは「競争排他の原理」とよぶ。

一方、ある種が絶滅したり渡り（渡り鳥）を行ったりして、その生活場所からいなくなり、生態的地位に空きができると、どうなるだろうか。このような場合、生活要求がよく似た別の動物が空いた生態的地位に入り込む。例えばオオカミは日本では絶滅したが、イヌが野生化してシカやウサギを襲うようになり、かつてオオカミが生物群集で占めていた食物連鎖における地位と生息場所に入り込むことになった。

(3) 競争排除の法則

上述した「競争排除の法則」を少し詳しく考えてみる。環境を制御した実験室の中で、生活様式が似ている2種類の生き物を飼育すると、やがてどちらかが競争に勝ち、他方は絶滅することが確認されている。これはアズキをエサとするヨツモンマメゾウムシとアズキゾウムシ、あるいはゾウリムシとヒメゾウリムシなどで確認された現象である。いずれの場合も単独で飼育した場合には起こらない現象である。

このような研究から、共通の資源に依存して生活する2種の生き物は、同一の資源をめぐる競争のもとでは共存しにくいことがわかる。生きる力の強いものがすべてのエサ資源を獲得し、弱い生き物は絶滅するか、さもなければエサの取り合いの末にエサ資源が枯渇し、共倒れとなる。

しかし、現実の世界では多種多様な生き物が共存している。この現実をどう解釈したらよいのだろうか。自然界では2種、あるいは少数の種の関係だけを考えると、生き物が共存する社会は実現しない。多種多様な生き物の種が共存する現実の世界では、多種多様な生き物の種の共存を可能とするメカニズムが

ある。例えば、現実の世界では多種多様な種が食物網で結ばれているため、1種類のエサをめぐって争うことがないこと（食物連鎖上の地位）、気温や雨量、地形などの要因が場所により異なることにより、場所的地位が競合する可能性が高くはないことなどが考えられる。

　また、例えば森林は植生の遷移が進めば競争力の強い種が他の種に競い合って、それ以降、樹種の構成がさほど変化しない極相に達した極相林を形成するが、実際には台風や増水などのかく乱により極相林の一部は絶えずかく乱を受け初期化されており、ここに遷移途中の樹種が入り込むため、多種多様な生息空間を絶えず提供していることになる。

　それでも競合し合うよく似た生活様式の複数の生き物の場合、競争の結果一方が生息場所を変える場合がある。これを「すみわけ」という。競争を回避し共存していこうとする生き物の知恵である。イワナとヤマメは夏期の平均水温が13～15℃を境に、上流側の冷流にはイワナが、18～20℃の下流側にはヤマメがすみわけて生息している。しかし、多種多様な生き物が共存する仕組みとしてもっとも重要であると考えられることは、以下に述べるギブアンドテイクの相利共生関係である。

　「共生」とは「共同生活をする異種の個体または個体群がともに利益を交換していること」である。「相利共生」ともよばれる。アリとアブラムシ、サンゴと褐虫藻、マメ科植物と根粒菌などの関係が知られている。

　他方、「一方だけが利益を受け、他方は利益も害も受けない関係」を「片利共生」という。カクレウオはナマコの体内に隠れ身を守るが、ナマコには利益がない。コバンザメはサメにくっつき移動するが、サメには利益がない。このような関係のことである。

　一方、ある生き物がほかの生き物の体から栄養を搾取して生活する関係を「寄生」という。寄生するほうを「寄生生物」、されるほうを「宿主」といい、宿主は害を受ける。ヒルや蚊、ノミといった外部寄生をするもの、回虫やマラリア病原虫などのように内部寄生するものがある。寄生生物と宿主はおだやかな関係になくてはならない。宿主を痛めつけてしまうと自分も生きていくことが

できないからである。

　毎年アカマツが大量に枯死している。これはマツノマダラカミキリがマツの若い枝を食害する際に、カミキリの気管内に付着しているマツノザイセンチュウを樹木へ感染させてその増殖を助けており、一方でマツノザイセンチュウはマツの樹勢を弱らせ、老木やストレスによって樹勢の弱まった木にだけ産卵できるマツノマダラカミキリの増殖を助けている。このような関係は広い意味で「共生関係」である。

　そのほかにも、ある生き物の分泌物が他の生き物に不利に働く場合を「片害作用」という。セイダカアワダチソウは根から他の植物の成長を抑制する物質を分泌し、他の植物の根つきを貧弱なものにしてしまう「他感作用（アレロパシー）」をもっているし、アオカビの一種はペニシリンを分泌し、周りの細菌を殺してしまう（抗生物質）。

*3　ギブアンドテイクの相利共生関係

　「種の起源」に記されているように、チャールズ・ロバート・ダーウィンの進化論は、生き物は常に自然界の環境変化に適応するように種分化し、その結果、多様な種が発生すると考えた。そして、その過程で、生きる力のあるものが生存競争に勝ち残り、競争に敗れたものは滅びていくという適者生存、生存競争の関係が成立すると考えた。

　この考えは、自然が強いものを選び生き延びるようにしているのだ、ということで「自然選択説」ともよばれている。自然選択説は強いものが生き残る「競争原理」の中で生態系が形成されると考えるが、最近の研究は、生き物は強くなくても生き残れるという事実を明らかにしている（井上, 2001）。その考えのもとでは、ダーウィンの提唱した「適者」とは、競争の末勝ち残ったものでなく、競争の時代を越え、他の生き物とともに生きる道を選んだもの、と理解されるようになってきた。すなわち、相利共生の関係が多くの生き物を生存させる大きな要因ということになる。

　自然界では、機能が異なる生き物であるにもかかわらず、生物同士が影響を

及ぼし合う作用が働くと、強いものと弱いものがともに生き残ることができるようになる。生き物は生息密度が小さいときには互いに出くわすこともなく、及ぼし合う作用は働かないか小さい。このような場合、生き物は個々の能力で独立に増殖し、生態系という受け皿の有する限界容量（環境容量）まで増え続けようとする。しかし、増え続けていった結果、生き物は他の生き物と出会い、その存在を無視するわけにいかず、互いに生物間相互作用を及ぼし合うようになる。

　自然界の生き物は利己的である。それゆえ、他の生き物と仲良くつき合おうという相互作用を及ぼし合うのではなく、お互い偶然に自分に欠けているものが他方で補えることを知ったとき、ギブアンドテイクの関係が結ばれていく。さらには、互いに生きていくうえでぶつかり合うことのない、あるいは、ぶつかることの少ない妥協点が見いだされることにより共生関係へと発展していくのである。

　相手のために何かをしてあげるのではなく、自分が生き残るために相手を利用し、相手も自分を利用するという相利共生の関係が、自然界、生態系内の共生であり、双方、大変な緊張のうえに成立する関係なのである。

　このように、多様な生き物が双方に関係し合うことによって、個体で生きていくよりも、遥かに強く生き残れる社会が、自然界における共生社会である。生物間の敵対や競争よりも共生のほうが安定しており、資源を取り尽くす心配のない関係である。そして、共生こそが生物多様性を維持するうえで必要不可欠なのである。

　生き物は40億年という歳月を費やし、そのあいだの相互作用の累積を通じて共生社会を築き上げてきた。一方が他方に反応して進化し、他方は逆に一方に反応して進化する関係、言いかえれば、異なる生物同士がお互いの影響を受け合って進化していく過程を「共進化」とよぶが、まさに自然界の共生社会は共進化のひとつの現れなのである。

＊4　生物多様性を創出する種の分化

　ガラパゴス諸島に生息するダーウィンフィンチ類（鳥類）の個体群は、南アフリカ大陸やココス群島から渡ってきた鳥から進化したと考えられている。

　南アフリカ大陸やココス群島の環境とガラパゴス諸島の環境は異なっている。例えば、エサとなる種子にしても、その形や硬さなどが異なっているため、別の食べ物を効率よく食べられるように進化した個体が有利となり、集団へと広がっていったと予想される。このように環境に応じた有利な突然変異が、自然選択でそれぞれ集団に広がっていくうちに、互いに形質の異なるフィンチに進化してきたと考えられている。

　ある程度の期間が経過した後に、例えば南アフリカ大陸とガラパゴス諸島のフィンチ類が出会ったとしたら、どんな関係になるのであろうか。その場合考えられる過程は、互いに交配し子孫を残す場合と、互いに交配しない、あるいは交配しても子孫を残すことができない場合である。後者の状態を、この2つの集団のあいだには「生殖隔離」が生じたという。このように2つの集団が生殖隔離されると、1つの種から2つの種が生み出されることになる。種が新たな種を生み出すことを「種分化」という。交配し子孫を残す場合は、生殖隔離が達成されていない状態にある。

　このように個体群が山脈や海峡などにより地理的に分断され、長い間、空間的に小集団に分離された結果、その集団同士で交雑ができなくなり、従来とは異なる新しい種が生じることを「異所的種分化」という。パナマ海峡の形成など地理的な分断により遺伝的交流の途絶えた太平洋と大西洋の海洋生物を比較すると、分断されたもとの同じ集団から独自の進化が進み別々のよく似た種（姉妹種）が確認されている。

　生殖隔離の過程には、もうひとつの場合が考えられる。これは同じ場所に生息する繁殖集団中にある個体はAという食べ物を、別の個体はBという食べ物を食べるのに有利なように自然選択が作用した結果、同じ個体群の中にAを食べるものとBを食べるものという異なる2つのタイプの個体が発生することになる。そして、それぞれの個体が交配するとAもBも効率よく利用で

きなくなる子が生まれてくる場合がある。このような場合には、タイプの異なる個体同士では互いに交配しなくなるように進化をしていく。

このように、個体群の地理的な分断なしに新しい種が誕生することを「同所的種分化」という。

*5　種の多様性

地球上に生息する生き物が多くの種に分かれているため、相互の遺伝子の交雑は抑制され、種ごとに異なる多様な形質を作りだし、維持している。40億年の生物進化の歴史は「種分化」の繰り返しであり、種の多様性が広がっていく歴史でもあった。その結果、現在、地球上には既知の生き物が約175万種存在し、熱帯雨林や寒帯林に生息する昆虫類を中心に、まだまだ多くの未知の生き物が存在している。その数は少なくとも3,000万種は下らないであろうと推定されている。

「種の多様性」とは、この地球に現存する多様な種の数（種数）、あるいはある一定の地域の中に生息する生き物の種数のことである。上層の「生態系の多様性」を構成する一方で、下層の「遺伝子の多様性」の性質に影響を与えるため、生物多様性を構成するうえでの要となるものである。

ある生き物が絶滅すると、それを利用していた捕食者や共生関係にある生き物の数が減少したり、逆に、絶滅した生き物に捕食されて個体数が一定に保たれていた生き物が大発生するなど、安定していた生態系のバランスが崩れ、生態系の種組成に大きな変化が生じる。

アマゾンなどの熱帯林では、1種類の植物が何らかの原因で絶滅すれば、それに依存あるいは共生して生きてきた昆虫やほかの多くの生き物10〜30種程度が道連れとなり消えていくことがわかっている。ある種の葉だけを選択的に採食するチョウ、ある特定の樹木のウロに溜まった雨水の中で暮らすカエルなど、熱帯地方の特殊化した環境に適応して生きてきた生き物は、依存していた植物がなくなれば死に絶えるしかないのである。

逆に、ある動物がいなくなると植物にも致命的な影響が生じることがわかっ

ている。西アフリカでは密猟によってゾウが激減すると同時に、約20種の樹木の若木もみられなくなった。この樹木の実はゾウに食べられ排泄されないと発芽できない特殊性をもっているからである。

5 》》 生態系の多様性

＊1　生態系とは

「生態系」は、1935年にイギリスの植物学者アーサー・G・タンスレーによって作られた用語である。システムとは「いくつかの要素が互いに結びつけられ、全体としてある目的をもち動いている対象」を意味する。エコにシステムを付加させることで、生態系という造語となる。

したがって、「生態系」とは、「ある範囲の領域に生息する生物群集（有機的環境）と光や水、土、大気などの非生物的環境（無機的環境）、そしてそれらのあいだのすべての相互関係から成り立つシステム」を意味している。そして実際は、他の地域とある程度区別できるとき、それをひとまとまりの生態系とよんでいる。

システムは全体としてある目的をもっているが、生態系の目的とは一体何なのであろうか。以下で考えていく。

＊2　生態系の構造

生態系は図1-5に示すように、大きく分けて4個の要素（無機的環境、生産者、消費者、分解者）から構成されている。

(1)無機的環境要因

非生物的環境要因ともいう。光、温度、大気、水などの気候的要因と土壌要因がある。生き物は周囲の環境から大きな影響を受ける（作用）と同時に、周囲の環境になんらかの影響を与えている（反作用）。そして、その中で生き物はお互いが影響を及ぼしながら生活している（相互作用）。このように生き物の生活に何らかの影響を与える外界の要因を「環境」とよぶ。

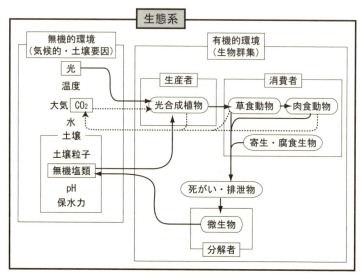

図1-5　生態系の構造

(2)作用、反作用、相互作用

　生態系の中では絶えず３つの作用が認められる。

　まずは、環境が生き物に働きかける「作用（action）」である。

　光や温度は多くの植物の発芽や成長を調整する。例えば、前年の夏の気温は発芽の量を決め、当年の気温の変化により開花の時期が決まる。また、植物の気孔の開閉や光合成などの生物活動は、１日を通じて周期的に変化する。これは、生き物が地球の自転によって引き起こされる24時間周期の光や温度等の変動の中で生息・進化してきたため、体内に生化学的計時機構（時を刻む機構）を構築してきたためである。

　この計時機構は「概日時計」とよばれ、およそ１日周期の時計である。光合成は、この時計を使って光合成関係遺伝子を１日の決まった時刻に発現させるなどして無機的環境要因に適応している。

　人間は目覚まし時計がなくても朝には目覚め、夜になると眠くなるのも同様の原理である。外が明るい暗いという作用（光刺激）だけが原因ではなく、

脳にある概日時計からの指令が24時間周期で発せられているからである。温度は樹木の紅葉、動物の冬眠、渡り鳥の季節移動に影響を与える作用因子である。

　このように無機的環境要因が生き物に影響を与えることを「作用」という。

　つぎは反対に、生き物が環境に働きかける「反作用（reaction）」である。

　無機的環境要因の土壌は、分解された動植物の遺体（有機物）と風化された岩石の細かい粒子が混ぜ合わされて生成したものである。土壌が薄く、保水力に欠けるうちは草原しか維持できないが、土壌が発達してくると森林を成立できるようになる。森林が形成されると、樹木は大気中の二酸化炭素を使用して光合成を行い、酸素を放出して大気成分に影響を与える。

　根は土壌から水分や栄養分を吸収し、葉からの蒸発散により大気中の湿度に影響を与える。森林は太陽光や風を遮断し、周囲と比べると温度を低く、湿度を高い状態に保っている。

　このように、生き物が生活することにより無機的環境に影響を与えることを「反作用」という。

　最後は、生き物同士が影響を及ぼし合う「相互作用（co-action）」である。「生物間相互作用」ともいう。

　地球上のすべての生き物は、必ず他の生き物とかかわりをもちながら生活している。相互作用は、生態的同位種のあいだの競争排除といった「競争関係」、食う——食われるという捕食者と被食者、あるいは寄生者と宿主のあいだにみられる「敵対関係」、サン

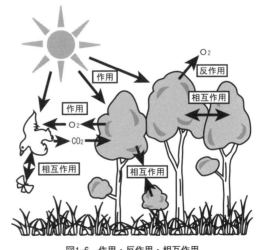

図1-6　作用・反作用・相互作用

ゴと褐虫藻のあいだにみられる「共生関係」に分類される。「競争関係」は生産者同士など同じ栄養段階にある生き物間の相互作用であり、「共生関係」は生産者と消費者など、異なる栄養段階にある生き物のあいだの相互作用である（図1-6）。

モーリシャス諸島から姿を消した飛べない鳥ドードーは、カルバリア・メジャーという樹木の硬い実を好んで食べていた。この果実は種子を包み込む殻が石のように硬く、ドードーが食べることにより胃の中で殻が砂のうの中の小石ですりつぶされ、その状態で体内から排出されるため、地上で発芽することができたと考えられている。

ドードーの絶滅のため発芽のチャンスを失ったカルバリア・メジャーは、現在急速にその個体数を減少している。このように、生物間相互作用があるからこそ、1種類の生き物の損失が他の生き物の損失を誘引するのである。

(3) 有機的環境要因

有機的環境要因は、主として生物群集であり、生物群集はその役割により「生産者」、「消費者」および「分解者」の3つに分けることができる。

生産者は植物であり、光合成によりすべての生き物の生存基盤となる有機物を合成する。消費者は動物であり、直接植物を食べるバッタやウサギなどの草食動物（一次消費者）や草食動物を食べるカエルやクモ、キツネなどの肉食者（二次消費者）、肉食者を捕食するタカやオオカミなどの高次の肉食者（三次消費者、場合によっては四次、五次と続く）などに分けられる。また、動植物の遺体や排泄物を主にエサとする腐食動物も消費者である。分解者は細菌やカビ類などの微生物に相当し、有機物を分解して再び植物が利用できる無機物に戻してくれる働きをする。

木材を食べるシロアリ、土壌中の有機物を細分化するダニやミミズなど多くの土壌生物は、消費者と分解者の橋渡しをする生き物である。

(4) 生 産 者

通常、光合成を行う植物を「生産者」という。光合成を行う植物は炭素源として無機物の二酸化炭素を取り入れ、エネルギー源に太陽光を用いて炭水化物

や脂肪、タンパク質などの有機物を生産している。自分に必要な栄養分を生産する自給自足型の生き物を「独立栄養生物」とよび、独立栄養生物は生産者である。

植物は地球上でもっとも現存量の多い生き物であり、陸上には草本類、木本類が生い茂り、海洋、湖沼にはケイ藻類、緑藻類などの藻類が植物プランクトンとして浮遊生活をしており、生産者としての役割を果たしている。

このような光合成をする生き物のいる環境には、それらが生産した有機物を摂取して生活する多くの「従属栄養生物」が存在している。そのため、とくに光合成生物を「基礎生産者（一次生産者）」とよぶことがある。その場合、従属栄養生物の動物は、有機物を分解・再構成して新たな有機物（動物体）を生産するという意味で「二次生産者」とよばれる。

・無機物から有機物を合成できる独立栄養生物（植物）
・無機物から有機物を合成できない従属栄養生物（植物以外のほとんどの生き物）

(5) 消費者

生産者の作りだした有機物を直接あるいは間接的に食べて、これを消費する従属栄養生物を「消費者」という。

生産者（基礎生産者）を直接食べる動物を「一次消費者」あるいは「植物食性動物（草食動物）」、次にこれを食べる動物を「二次消費者」あるいは「動物食性動物（肉食動物）」という。二次消費者を食べる三次消費者、三次を食べる四次、そして最高位に位置する消費者を「高次消費者」という。

(6) 分解者

植物の枯葉や枯枝、生き物の遺体や排泄物等に含まれる有機物を摂取、分解してチッソやリン、カリウムなどの無機物に変え、その際生じるエネルギーを使って生活している生き物を「分解者」という。菌類、細菌類の微生物が分解者である。分解者も消費者の仲間であるが、有機物を無機物に変えるという点で、とくに分解者として区別する。

有機的環境要因は有機物の世界であるのに対し、無機的環境要因は無機物の世界である。生き物は環境からさまざまな物質を取り込み自らの体を作り生活

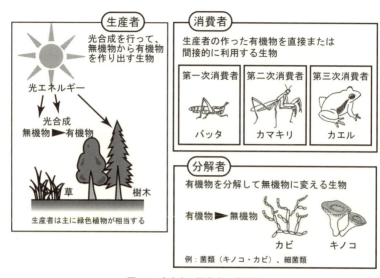

図1-7　生産者・消費者・分解者

している。一方、排泄物や遺体として不用となった有機物を環境に放出している。

　植物によって無機的な環境中の無機物は有機物に合成され、合成された有機物は食物連鎖の過程で高次の消費者へと移動し、最終的には再び無機物へと戻っていく。これらの過程を通して物質は生態系の中を循環している（図1-7）。

　この構造こそ、私たちが追い求める理想の「循環型社会」の姿なのかもしれない。

(7)栄養段階と生態系ピラミッド

　生態系の中で食物連鎖でつながっている生き物を、栄養のとり方により、生産者、一次消費者、二次消費者など段階的に分けたものを「栄養段階」という。生産者は第一栄養段階であり、一次消費者は第二栄養段階、二次消費者は第三栄養段階とよぶ。

　各栄養段階のあいだでは、一般的には生産者の個体数や生体量あるいはエネルギー量がもっとも多く、次いで一次消費者、二次消費者……高次消費者の順

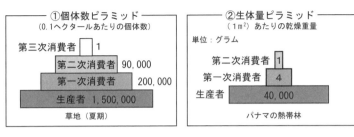

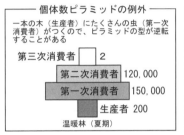

図1-8　生態系ピラミッドの種類

に少なくなる傾向にある。そこで、各栄養段階をそれぞれの量の違いに応じた長方形で表し、それを生産者、一次消費者、二次消費者の順に積み上げていくとピラミッド型になる。これを「生態系ピラミッド」という（図1-8）。

　生態系ピラミッドには、対象により次の3つの場合がある。

　個体数は一般的には栄養段階があがるにつれ減少するのが普通である。捕食者は被食者と比べると体は大きいが個体数は少ないため、生体量（現存量）も同様の傾向を示す。エネルギー・ピラミッドは生態系内のエネルギーの流れに注目したピラミッドであり、エネルギーは捕食してエネルギーとする際、その多くが熱として失われるため、個体数や生体量と同じく栄養段階があがるにつれ生き物に利用されるエネルギーは減少しピラミッド型となる。

　例えば、1本の木に100匹の昆虫が生息していたとする。個体数ピラミッドでは生産者は樹木1本であるのに対し、一次生産者である昆虫は100となり、個体数ピラミッドはピラミッド型とはならない。ところが、このような場合でも生体量やエネルギー量では生産者である1本の樹木のほうが昆虫よりも圧倒

的に多いので、土台の安定したピラミッド型となる。

6 >>> 生態系の物質収支

生態系の働きに、「物質収支」とそれに伴う「エネルギーの流れ」がある。

＊1 生産者の有機物生産
(1) 生産量
　ある生態系の中で、生産者である植物が光合成によって光エネルギーを取り込み有機物を作りだすことを「物質生産」という。そして物質生産により生産される有機物の総量を生産者の「総生産量」という。普通、1年間の単位面積あたりに生産された有機物の乾燥重量（または換算熱量 cal）で表す。また、総生産量から生産者自身が呼吸によって消費した呼吸量（有機物量）を差し引いた量を「純生産量」という。

　植物は成長に伴い葉量が増えるため、総生産量は増加するが、葉や枝、幹の増加、成長により呼吸量も増加するため、純生産量は大きくは増加しない。

　生態系で物質生産を行えるのは生産者だけである。したがって、生態系の総生産量は生産者の総生産量に等しく、生態系の純生産量は、総生産量から総呼吸量を差し引いた値となる。

(2) 生産者の成長量
　短期間を考えれば、純生産量は成長量とは等しいが、長期的にみれば落葉、枯死や植物食性動物に被食されるので、成長量は純生産量から枯死量と被食量を差し引いた値となる。

　　　生産者の成長量＝純生産量－（枯死量＋被食量）

(3) 現存量
　ある生態系において、対象とする生物群集が調査時期に有している有機物の量を、その生物群集の「現存量」という。現存量は単位面積あたりに生存する生き物の乾燥重量（または換算熱量 cal）で表す。

現存量の増加はすべての生き物の成長によるものであるため、現存量の増加＝成長量という関係が成り立つ。

＊2　消費者の物質収支
(1)消費者の同化量
　消費者である動物は、普通一段下位の栄養段階の生き物を摂取して自分の体を構成するのに必要な有機物を再合成している（二次同化）。しかし、摂取したものすべてを同化しているわけでなく、一部は不消化のまま糞などとして排出される。そのため捕食量（摂食量）から不消化排出量を差し引いた量が、消費者の「同化量」となる。

　　　同化量＝捕食量－不消化排出量

　ゾウなどは捕食したエサの約70％を不消化で排出するので、食べたエサを効率よく同化することができない。そのため1日に150から200キログラムもの大量の植物を摂食し、同化量を増やしている。しかし、その多量の不消化排出物のおかげで草本類は種子を遠方に拡散させ、広範囲に子孫を残すことができているのである。

　生き物が摂取した量のうち、どのくらいの割合が同化量となるのかを「生態効率」という。

(2)消費者の純生産量
　消費者も同化した有機物を呼吸により消費している。そこで、同化量から呼吸量を差し引いた量が消費者の純生産量となる。

(3)消費者の成長量
　消費者は一段上位の動物に食べられたり（被食量）、病死したり（死滅量）する。そのため、成長量は、

　　　成長量＝同化量－（呼吸量＋被食量＋死滅量）

となる。

(4)各栄養段階での物質収支
　各栄養段階での物質収支を図で示すと図1-9のようになる。太陽の光エネル

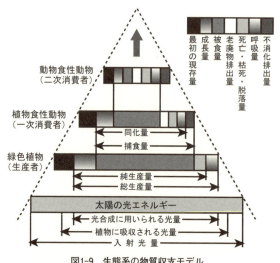

ギーを使って植物が生産した有機化合物は、捕食によって高次の栄養段階へと移動し消費されていく。

平衡状態にあるバランスのとれた生態系では、生産者の生産量ほど大きく、高次の消費者の生産量(同化量)ほど小さくなっていく。

図1-9 生態系の物質収支モデル

7 》》 生態系内でのエネルギーの流れ

　温帯の農耕地の生態系では、緑色植物である作物は太陽エネルギーの0.5%程度を純生産として固定し、1年間に1ヘクタールあたり6,500キログラム程度の作物を生産していると考えられている。人間は平均して1人1年間に250キログラム程度の食糧を摂取しているが、それをすべて緑色植物で補うとすると、1ヘクタールあたり26人分の食糧を供給することになる。

　今度は1ヘクタールあたり6,500キログラムの作物をウシに摂食させたとすると、ウシの「利用効率(生態効率)」は10%程度なので、6,500キログラムの作物から650キログラム(乾燥重量)のウシが生産されることになる。650キログラムのウシは2.6人分の食料にしかならない。

　このように、栄養段階が上がるにつれ、有機物のエネルギーの大部分が熱として失われ、ごくわずかなエネルギーが高次の栄養段階に引き継がれていくことになる。

　生態系は必要とするエネルギーをすべて太陽から得ている。太陽の光エネル

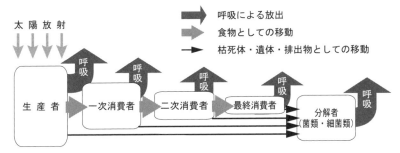

図1-10 生態系内を通りぬけるエネルギーの流れ

ギーの一部は光合成に使われ地球上に固定される。一部は生産者自身の呼吸により分解しエネルギーを取りだして利用する。そしてエネルギーは生産者から食物連鎖に沿って草食動物、肉食動物へと移動し、各栄養段階の生き物の呼吸で消費され、最終的には熱となって生態系外へ分散していく。

各栄養段階で発生した遺体や排泄物は分解者によって呼吸の材料にされ分解されていく。そして最終的には熱となって発散されてしまう。どの栄養段階でも代謝の際に熱が発生し、その熱エネルギーは環境中に放出され、最後は宇宙空間へ放出されてしまうため、再利用することはできなくなる（図1-10）。

大切なことは、
・エネルギーは生態系の中を一方向に流れ、循環はしない。
・エネルギー容量は光合成植物に依存するので、草食動物は光合成植物の量に規制される。このように生き物はエネルギーに規制されている。

ということである。

(1)生産効率

生産者によって利用されるエネルギーの利用効率を「生産効率」という。ふつう、次の式で表される。

生産効率＝(総生産量／流入太陽エネルギー量)×100%

生産効率は、葉が若くもっとも光合成が盛んなときで3〜4％程度であり、ふつうは1〜2％である。

(2) 利用効率 (生態効率)

　消費者が栄養を取り込むとき、利用可能なエネルギーの何％を利用しているかを表す値を「利用効率」あるいは「生態効率」という。ふつう、次の式で表される。

　　消費者のエネルギー利用効率＝(その栄養段階のもつエネルギー量)/(1段階前の栄養段階のもつエネルギー量)×100％

　利用効率は10％前後のものが多い。今、太陽光から得るエネルギーを1と考えた場合、各栄養段階に受け継がれるエネルギーの割合は、植物の場合せいぜい1％程度であると見積もられている。このため植物以外のほとんどの生物は、植物が太陽エネルギーを同化できる1％のエネルギーに依存して生存していることになる。また、この植物を食べる一次消費者のエネルギー同化率はせいぜい10％程度であるため、太陽エネルギーの1,000分の1が一次消費者が利用することのできるエネルギー量となる。二次および三次消費者のエネルギー転換効率も10％程度であると考えると、この段階で利用可能なエネルギー総量は、入射エネルギーのそれぞれ1万分の1、10万分の1程度ということになる。生態系ピラミッドの栄養段階がそれほど多くならないのは、エネルギー転換効率により利用できるエネルギーが、栄養段階が1個上に上がるごとに、このように激減するためである。

　このように生態系は単に生物と環境の構成要素が寄せ集まったものではなく、その内部でさまざまな相互作用が行われ、その結果として物質の循環とエネルギーの流れがある動的なシステムとして存在するのである。

　食物連鎖過程では、バッタが草を、カエルがそのバッタを、そしてマスがカエルを食べるというように続き、その過程でエネルギーの損失がみられる。食物連鎖過程でエネルギーの80～90％が単に浪費されるばかりで、環境に対する熱として失われてしまう。そして、摂取されて本当の糧となり、摂取者の組織に残って次の摂取者のエサとなるのは、残りのわずか10～20％にすぎないという。

　ここで、各食物連鎖において、それぞれの種がどれくらいのエサを必要とす

るかを考えてみよう。G・タイラー・ミラーによれば、「1人の人間を1年間養うには、マスを300匹必要とする。こうした順序でいくと、300匹のマスはカエルを9万匹、9万匹のカエルはバッタを2,700万匹、そして2,700万匹のバッタは、草を1,000トン食べる」ことになる（Miller, G.T. Jr., 1971）。

8 >>> 生態系内での物質循環

(1) 水 の 循 環

　地球上に降り注ぐ雨や雪の総量は、1年間に約130万億立方メートル、そのうち約23％が陸域に、残り約77％が海域に降る。陸域に降った23％のうち15％が蒸発し、残り8％が河川を下り海洋へと流れ込む。海洋に流れ込んだ水は太陽エネルギーにより温められ水蒸気となり雲となり、再び雨や雪となって地球へ降り注ぐ。

　河川は地球の血管であり、その中を流れる水は血液の役割を担っている。森林が貯えている栄養素は降雨により溶け出し、地中から河川、そして海洋へと流れ込む。

(2) 炭 素 循 環

　物質は無機的環境と有機的環境のあいだを循環している。タンパク質や脂質、炭水化物など生き物の体を形成するのに必要な有機物は炭素を含んでいる。光合成生物は大気中に約0.03〜0.04％含まれ、水中では炭酸塩などの形で大気の50倍程度の量が溶解している二酸化炭素を体内に取り入れ、有機物として体内に固定する。この量は、生物体の乾燥重量の40〜50％を占めている。

　固定された有機物は光合成生物自身の呼吸により有機物を分解し、再び二酸化炭素として大気中に戻されたり、さらに地表に堆積した光合成生物や動物の遺体という有機物も細菌や菌類などの分解者により分解され、二酸化炭素となって大気中に戻される。

　このようにして炭素は生態系内を循環している。

① 生産者と炭素の循環

高等植物や藻類、シアノバクテリアなどの生産者は、光合成の炭酸同化作用により大気中の二酸化炭素を吸収し、それを材料として有機物を合成する。合成された有機物の一部は呼吸によって分解し、再び二酸化炭素として大気中に戻される。また、合成された有機物の一部は捕食により消費者に渡され、捕食者は呼吸によりエネルギーを得る。

　合成された有機物は、自身の呼吸や捕食により取り除かれ、残りは落葉したり枯死したりして分解者へと渡される。

②消費者・分解者と炭素の循環

　消費者は捕食によって体内に取り入れた有機物の一部を使い呼吸を行い、二酸化炭素を大気中に放出する。また、一部は捕食によりさらに高次の消費者へと渡されていく。そして最終的には遺体や排泄物などになり分解者へ渡される。

　遺体や排泄物は分解者の呼吸により分解され、二酸化炭素となり大気中へ放出される。しかし、分解者が分解できなかった有機物は嫌気的条件下で分解されずに腐植物（泥炭）として地中に堆積していく。泥炭の上層に土壌が厚く堆積すると、その重みによる圧力や、圧力による熱の影響により、長い時間をかけて石油や石炭になる。海洋では、植物プランクトンの遺体が海底に堆積することで同様に石油や天然ガスとなる。その石炭や石油、天然ガスを人間が外へ取り出し燃やすことによって、炭素は再び二酸化炭素となり大気へ戻っていく（図1-11）。

　海洋に生息するサンゴなど石灰の殻を作る生き物は、大量の炭素を貯えている。サンゴなどの死骸が海底に堆積し、石灰岩を形成し、地殻変動などで地上に姿を現すと、雨や風などによる風化作用を受け分解され、再び炭素は二酸化炭素に戻っていく。

　地球上の炭素循環は、上記のように大きくは「陸上での炭素循環」と「海洋中の炭素循環」に分けられる。そして大気-海洋のあいだの二酸化炭素の交換を通し、陸と海のあいだで炭素の循環が行われている。

　近年の地球温暖化にみられるように、大気中の二酸化炭素濃度は上昇し、人間活動により炭素循環のシステムにおけるバランスが崩れている。例えば「陸

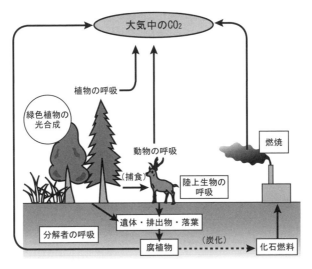

図1-11　陸上での炭素の循環

上での炭素循環」を考えると、光合成で合成される有機物の炭素量は陸上だけで年間500億トンであると推定されている。一方、生き物の呼吸により放出される二酸化炭素中の炭素は、全部で年間500億トン（生産者と消費者で250億トン、分解者が250億トン）であり、光合成によって生き物に取り込まれる量と釣り合っていた。

　しかし、大量生産・大量消費・大量廃棄の社会システムは、地下に固定されていた化石燃料を採掘し燃やすことで、自然界の炭素循環のバランスを崩している。経済活動により放出された二酸化炭素のうち半分程度の量は大気に蓄積し、残り半分は海洋あるいは植物に吸収・固定されていると考えられている。しかし実際のところは、どこに蓄積されているのかは不明なのである。

　一方、「海洋中の炭素循環」においては、海洋中の生き物が主役となる。海洋では光の届く「有光層」で植物プランクトンが光合成（基礎生産）を行うが、この際、チッソやリンなどの栄養塩、二酸化炭素などの物質がプランクトン体内に取り込まれる。そこで生産された有機物の粒子はプランクトンの遺体や排

泄物として光の届かない「無光層」へ沈降し、中・深層でバクテリアなどの働きにより分解、再生されて栄養塩に戻る。

深海に堆積した膨大な量の有機物は、風による湧昇流や水温の差により生じる鉛直対流により再び海面表層へ上昇し、魚介類の体内に取り込まれたり、大気中へ放出されていく。

(3) チッソ循環

大気中には約80％ものチッソが含まれている。しかし、これだけ豊富に存在している大気中のチッソを直接体内に取り込み、自身の体の形成に必要な成分に作り変える（チッソ同化）ことができるのは、チッソ固定を行うラン藻類やチッソ固定細菌だけである。その他の多くの生産者である緑色植物は、土壌中に存在しているアンモニウム塩（NH_4^+）や硝酸塩（NO_3^-）を根から吸収して利用している。

チッソの生態系内での移動は炭素の場合と同様で、緑色植物のチッソ固定作

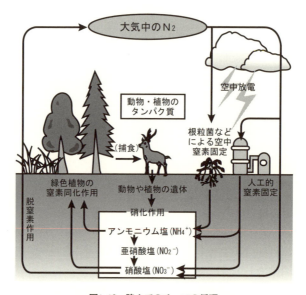

図1-12　陸上でのチッソの循環

用で体内に取り込まれたチッソは食物連鎖により上位の栄養段階へと移動していく。そして遺体や排泄物となり土壌中の腐敗菌などの分解者に分解されチッソはアンモニウム塩となる。アンモニウム塩は亜硝酸菌や硝酸菌といった硝化細菌の働きで硝酸塩となり、再び植物に利用される（図1-12）。

①生産者によるチッソ同化

　生産者である緑色植物は、光合成で得た糖を原料にしてタンパク質などのチッソ化合物を作るため、土壌中や水中のアンモニウム塩や硝酸塩を根から吸収しチッソ同化作用を行う。生産者が作ったこれらの有機チッソ化合物の一部は捕食により消費者に渡され、残りは落葉・落枝、あるいは枯死して分解者へ渡される。

②分解者による分解

　遺体や排泄物などに含まれている有機チッソ化合物は、菌類や細菌類などの分解者により分解されアンモニウム塩となり、硝化細菌が行う硝化作用により硝酸塩に変えられ、土壌中や水中へ戻される。

③大気中チッソの固定

　特定の種類の細菌やラン藻類は、大気中のチッソを取り込んでアンモニア（NH_3）に変える（還元する）ことができる。これを「チッソ固定」という。

　ダイズやクローバー、レンゲソウなどのマメ科植物の根には「根粒」とよばれるコブがあり、その中に「根粒菌」が共生している。根粒菌は大気中のチッソを取り込み固定しアンモニア塩に変え、マメ科植物に与える。マメ科植物はこのアンモニウム塩を吸収し、チッソ同化によりアミノ酸を作りたんぱく質を合成していく。そして根粒菌に栄養分を与えている。

　また、通気のよい土壌中に生息する好気性菌のアゾトバクターや通気の悪い土壌中に生息する嫌気性菌のクロストリジウム、あるいはラン藻類のネンジュモなどもチッソ固定を行う生き物である。

④脱チッソ作用

　ある種の土壌細菌は硝酸塩（NO_3^-）の一部をチッソ（N_2）に還元する。そのため土壌中のチッソ成分はチッソガス（N_2）となり大気中に放出される。この

ような働きを「脱チッソ作用」という。

(4) リ ン 循 環

　生き物の体内には、細胞膜をはじめとする生体膜の成分であるリン脂質、脊椎動物の骨格の主成分であるリン酸カルシウムなどが含まれており、そのほかにも生体のエネルギー物質である ATP や DNA にも含まれている。このように、リンは体を形成する非常に大切な元素である。

　生き物が必要とするリンの量はチッソと比べれば少量であるが、リンはもともと生態系中に少なく、陸上ではリン酸として土壌中に固定され難溶性となるため、植物が根から吸収することは困難となる。したがってリンは一般に不足がちとなり、耕作地では人為的に肥料としてリンを施肥する。

　水域でも同様にリンは不足がちであるため、家庭排水や肥料中のリンが河川等に流出すると富栄養化が起こり光合成が増大し、リンをエサとする植物プランクトンが増加して有機汚濁が進行することとなる。家庭用洗剤にリン化合物の使用を制限する動きは、このためである。

　植物プランクトンに摂取されたリンは動物プランクトンへ移動し、魚類、鳥類と食物連鎖の高次の栄養段階へ移動していく。リンは化学的、生物学的に反応性が高い元素で、鉄やアルミニウム、カルシウムの循環にも強く関係している。

　生態系は、この「食う-食われる」という基本的な関係のほかに、生き物の排泄物や死骸が土壌微生物等に分解され、再び植物や菌類の栄養素として利用される「物質循環」の機能を持ち合わせている。物質循環のはじまりは生産者とよばれる植物である。植物は無機的な環境を構成する水と光と二酸化炭素を利用した光合成により、すべての生き物の生存基盤となる植物という有機物を合成する。植物は取り除いても再生産する永続的な循環型の資源である。合成された有機物は食物連鎖の過程で草食動物、肉食動物といった高次の消費者へと移動し、最終的には死骸となり再び無機物の土へと戻っていく。そして、土は再び植物を育む。これらの過程を通じて、物質は生態系の中を途切れることなく循環している。

地球という限られた系内では、このような物質の循環利用が不可欠となる。物質が循環しなければ地球はゴミで覆い尽くされ、資源は枯渇する。そうならないためには、ある生命体の廃物が他の生命体にとっては有用な資源となり、生態系としてみると、すべての物質が過不足なく循環している必要がある。この物質循環も、多種多様な生き物の共存を可能とするメカニズムなのである。

　このように、生態系は「食う‐食われる」の関係でつながる「食物連鎖」、排泄物や死骸が分解されて栄養分に戻り、再びほかの植物や菌類に取り込まれる「物質循環」、それらに伴う「エネルギーの流れ」など、生態系全体を通して有機的につながりバランスを保つ「連鎖・循環・流れ」というメカニズムの下に成立している。

9 》》 生態系の範囲と平衡

　「生態系」とは、「ある範囲の領域に生息する生物群集と、光や水、土、空気などの非生物的環境、そして、それらのあいだのすべての相互関係から成り立つシステム」であると述べてきた。それでは、この「ある範囲」とは何を意味しているのであろうか。

　地球上のすべての生き物は大気と水の大循環の中で相互依存的である。したがって、物質の循環で考えれば、物質的に閉じた生態系は地球生態系だけとなる。しかし、一般的には生態系とは完全に物質的に閉じた系に対してのみ用いられる用語ではない。地理的空間の特徴によって、生物種の構成の特徴によって、他の部分とは区別された範囲が定義される。

　地球生態系に次ぐ大分類は、陸域生態系と水域生態系である。さらに陸域生態系は森林生態系、草地生態系あるいは里山生態系などに、水域生態系は海洋生態系、河川生態系あるいは湖沼生態系などに細分される。さらには干潟生態系や河川敷生態系、水辺生態系などに細分化することもある。

　一方、土壌の限られた範囲や、生き物の消化器官などきわめて限定された小空間で成立している生態系もある。このような生態系は、生態系の中の部分的

な生態系を形成していることになる。

　生態系とは、このように階層構造をもつため、何を対象とするかにより自ずと生態系の範囲は異なるものとなる。マクロ的には物質循環やエネルギー循環の影響が及ぶ範囲を生態系といい、ミクロ的には個々の生き物の生態を他の生き物との相互関係から積み上げていき、その結果形成された体系（生態系ピラミッド）を生態系の範囲と考えている。

　安定した生態系は健全な生態系といえる。安定した生態系内では物質が滞りなく循環し、食う-食われるの関係が釣り合いのとれた状態で成立している。この状態を「生態系の平衡」という。安定した生態系では、この生態系を構成するすべての種が自律的に共存することができる。安定した生態系は生産者である植物の種類・量が多く、それをエサとする消費者の種類や個体数も多くなる。複雑な食物網が形成されているため、特定の種類が急に増減することはない生態系である。

　一方、開発により生息地が破壊、分断されれば、植物の種類や量も減少し、それを食べる昆虫なども種類や数を減らしていくことで生態系は劣化していく。このような不安定な生態系では、限られた種類の昆虫のうちのある種が大繁殖したかと思えばやがて特定のエサを食べ尽くし全滅していくこともある。また、農耕地や里山は人間の管理により形成された生産者と、それに釣り合った種類、数の生き物が生息する場所であったが、放置すればたちまちバランスが崩れ生態系は荒廃する。

　すなわち、健全な生態系とは、
　・生物多様性が維持されている生態系
　・世代間で維持可能な生態系
　・生き物のあいだでの食う-食われるの関係が安定した状態にある生態系
であると考えられる。

　このような健全な生態系は、環境の改変に対して回復力、抵抗性、安定性をもっている。

　回復力とは、生態系がかく乱され状態を変えられたときにもとの状態に戻る

時間で表現される。実際には、山火事や伐採により生態系がかく乱されたときに自然状態に戻ろうとするように、とくに植生における遷移として現れる。極相とは、生物群集の遷移の最終段階であり、平衡状態のことをいう。

抵抗性は、生態系の系外から加えられる外力に対する抵抗の度合いである。例えば、生物相が極相を迎えている場合、このような生態系に対して外部から外来生物が侵入してきたときの抵抗があげられる。外来生物を排除する抵抗性がなければこの生態系はバランスを欠き、外来生物を加えた新たな生態系へと移行していく。

安定性は、地域的あるいは全体的にわたって生態系が安定しているかどうかである。長期間にわたり生態系の構成種に変化が少ないことを意味している。一般的には、生物相が極相状態では安定で、放置された田畑や里山のように植生が極相状態に向かう過程は安定性が低い。ホメオスタシスとは恒常性を意味する用語であるが、安定性が高いとは、ホメオスタシスが高い生態系であるといえる。

安定性は、以下の4つの場合に大別される（Begon, et al., 1986）。
①地域的にも全体的にも安定性が低い
②地域的には安定性が低いが、全体的には高い
③地域的には安定性が高いが、全体的には低い
④地域的にも全体的にも安定性が高い

すべての生態系は、回復力、抵抗性、安定性の3つの尺度で平衡状態を評価することが可能である。例えば、回復力、抵抗力ともに弱いが、地域的にも全体的にも安定性が高い生態系といったようにである。このようにして生態系を分類することにより、それぞれのタイプに対し生物多様性に富む生態系保全の指針を計画的に立てることができるようになる。

10 》》》 景観の多様性

さまざまな生態系が隣接し、あるいはある程度距離をおいて共存することを

意味している。生態系の共存のあり方は、そこで生活しうる生き物にも大きな影響を与える。例えば里山の景観を構成する水田、ため池、雑木林、草地などでは、ある生き物はそれぞれの中で一生を過ごし、その意味ではそれぞれを別の生態系とみることができるが、生き物の中にはいくつかの異なる生態系にまたがって生活を営むものが多い。例えば、トンボは幼生の時代には水中で暮らし、羽化すると林や草原を飛び回りエサをとる。猛禽類の中には森林に営巣し、エサは草原でとるものもいる。いずれの生態系が損なわれても、トンボや猛禽類はそこでは生息できなくなってしまう。

　さまざまな生態系は相互に関連をもち、人間の土地利用のあり方に応じて、地域ごとにまとまりのある景観を作っている。生態系の健全性や生物多様性を守るには、景観全体のつながりに十分に配慮することが必要になる。水田やため池を潰して雑木林だけを残しても、林を生息・生育場所とする生き物が安泰であるとは限らない。

　生物多様性のもっとも上位の階層をなすこのような「景観」は、物理的な環境としての地形と植生を含む生物群集の相互作用系である。景観レベルで生物多様性をとらえる場合に重要な視点は、自然と人間の営為の両方の作用によって作られる生育場所の種類と空間的な配置である。なぜなら、それがその地域において生息可能な種の範囲を決めるからである。

　多様な生育場所、とくに伝統的な産業のあり方と関連して地域に残されていた生育場所の喪失が、わが国における生物多様性低下の主要な要因になっていることから、景観のレベルで生物多様性をとらえ直すことは、現在きわめて重要な課題となっている。

【参考文献】

M. アラビー編（1998）「エコロジー小事典」講談社
井出久登・亀山章（1996）「緑地生態学」朝倉書店
井上民二（2001）「熱帯雨林の生態学—生物多様性の世界を探る—」八坂書房
大石正道（1999）「生態系と地域環境のしくみ」日本実業出版社

E.P. オダム（2002）「基礎生態学」培風館
東京農工大学農学部編集委員会編（1992）「地球環境と自然保護」培風館
那須淑子・佐久間敏雄（1997）「土と環境」三共出版
㈶日本自然保護協会編（1996）「指標生物」平凡社
沼田真編（1995）「生態の事典」東京堂出版
R.B. プリマック・小堀洋美（1998）「保全生態学のすすめ」文一総合出版
R.H. ホイタッカー（1979）「生態学概説」培風館
松本忠夫（1994）「生体と環境」岩波書店
三島次郎（1994）「トマトはなぜ赤い」東洋館出版社
矢原徹一・鷲谷いずみ（1997）「保全生態学入門」文一総合出版
Begon, M., J.L. Harper, and C.R. Townsend,（1986）*Ecology: individuals, population and communities*, Oxford: Blackwell Scientific Publications
Miller, G.T. Jr.,（1971）*Energetics, Kinetics and Life*, Belmont, California: Wadsworth, p.46

生物多様性を保全する

　生物多様性は下層から上層に向けて、遺伝子、種、生態系の3つのレベルから構成されている。そして、それぞれが有機的つながりをもって結ばれている。「遺伝子の多様性」は種や個体群を構成し、「種の多様性」は「生態系の多様性」を構成する。
　その中にあって、私たちがもっとも理解しやすい多様性は「種の多様性」である。「種の多様性」は上層の「生態系の多様性」を構成する一方で、下層の「遺伝子の多様性」の性質に影響を与えるため、生物多様性を構成するうえでの要となり、生物多様性の危機を映しだす鏡ともいえる。
　したがって、生物多様性の状態を把握するには、まずは「種の多様性」の状態を把握することが大切である。絶滅のおそれのある種を一定の判断基準にしたがってリストアップした種のリストを「レッドリスト」といい、レッドリストを掲載した出版物を「レッドデータブック（RDB）」という。
　IUCN（国際自然保護連合）レッドリスト2007によると、世界における絶滅のおそれのある動物種数は、すでに絶滅した839種の動物のほか、7,492種の絶滅のおそれのある動物がいると推測されている。また、2007年の環境省のレッドデータブックによれば、哺乳類の24％、鳥類の13％、爬虫類の32％、両生類の34％、汽水・淡水魚類の25％、陸・淡水産貝類の25％、維管束植物の24％が絶滅のおそれのある種に指定されている。
　日本の多くの野生生物は、現存する約4分の1が絶滅の危機に瀕している。

1 >>> 生物多様性の減少

　生き物は、この生物多様性と自然の物質循環を基礎とする生態系が健全に維持されることにより成り立っている。したがって、生物多様性が豊かな社会を作りあげるためには、
　①地域固有の動植物や生態系などの生物多様性を地域環境としてとらえ、地

域特性に応じた保全をすること。
②人間活動は、生物多様性を劣化させることなく、持続可能な自然資源の利用を行うこと。

が大切である。

*1　生物多様性の危機

　生物多様性は、主に以下に示す3つが原因で劣化が進行し、危機を迎えている（環境省，2002）。

(1)第1の危機（自然に対する人為の働きかけが大きすぎる）

　開発や乱獲による生き物や生態系への影響が顕著であり、多くの種が絶滅の危機を迎えている。近年、森林伐採や沿岸域の埋め立て、森林や農地の都市的土地利用は減少しつつあるものの、都市化の継続により里地里山での市街化への土地利用転換は進行し続けている。干潟や藻場の埋め立てや干拓も依然として進行している。さらには、大きな開発ではないが大きな影響を与える道路による生態系の分断なども続いている。

　南西諸島、小笠原諸島などの島しょ地域は、固有種や遺存種に富む貴重な島しょ生態系を有しているが、観光客のオーバーユース（踏みつけなどの過度の利用）などにより危機的状況にある。

　生息地の大規模改変という破壊に加えて、現在では道路、鉄道などの都市化による経済活動によって生息地は分断され細分化され続けている。このように断片化された生息地は生き物の移動を困難なものとし、生活史を完結できない生き物を増大させてしまう。

(2)第2の危機（自然に対する人為の働きかけが小さすぎる）

　ライフスタイルの変化により、薪炭林や農用林として活用されてきた二次林、あるいは採草地として利用されてきた二次草原は、経済的利用価値に乏しいため放置され、生物の多様性に富む里地里山では荒廃が進行している。とくに、1995（平成7）年から2000（平成12）年までに農家人口の10.8％が都市部へ流出したり、高齢化などが原因で間伐などの管理が不十分である中山間部の人工林

は、水源かん養や土砂流出の防止の機能を失い、サル、イノシシ、シカなど一部の哺乳類が個体数、分布域を増大、拡大させ農林業へ重大な被害を及ぼすとともに、生態系へも甚大な被害を与えはじめている。

(3)第3の危機（移入種による生態系のかく乱）

マングース、アライグマ、ブラックバスなどの動物、あるいはホテイアオイなどの植物が国内外から大量に人為的に移入されている。その結果、移入種にすみかを追われて消えていく日本固有の種や、日本固有の種と近い遺伝子を保有する移入種とのあいだで交雑して遺伝子がかく乱されたり、捕食されたりと、地域固有の生物相や生態系が大きく変化している。移入種により絶滅の危機にさらされている動植物は非常に多く、生物多様性に与える影響は計り知れない。

また、人間が作りだした化学物質は、今や生態系を覆いつくす勢いだが、残留性に富む残留性有機汚染物質（POPs）やPCB、DDT、ダイオキシン類などは人間だけにとどまらず、北極の動物にまで被害を及ぼしている。

これらの危機を回避するためには、生物多様性の保全と持続可能な自然資源の利用が重要であり、その実現には自然と人との調和のとれた社会を実現するための基本的な考え方である「エコシステム・アプローチ」の立場で、

①遺伝子・種・生態系の保全
②絶滅の防止と回復
③持続可能な自然資源の利用

を実行する必要がある。これらが実行されれば、つぎに示すような生物多様性のグランドデザインの将来像がみえてくるであろう。

そのための具体的取り組みとしては、

図2-1　生物多様性のグランドデザイン

①保全の強化：保護地域制度の強化、科学的データに基づく保護管理、絶滅防止や移入種問題への対応
②自然再生：自然資源の人間による収奪の見直し、自然再生事業の推進
③持続可能な利用：身近な里地里山の保全管理、NPO活動などの積極的推進

が必要である。

*2 生態系の多様性を守る

先に述べたように、生態系は地域ごとの生態系から地球規模の生態系までさまざまなとらえ方がある。熱帯林や寒帯林、あるいは砂漠地帯や多雨林といったように気候帯や植生の相違などで同系列をひとつの生態系とみなす場合もある。また、湖、河川、干潟やマングローブなどをひとつの生態系とみなすこともある。さらには、川原の石ころの表面も微生物にとってはひとつの生態系である。

しかし、実際には熱帯林とはいっても地域ごとに内容が異なるように、生態系はどれひとつとして同じものがなく、それぞれが地域の自然環境や歴史に深く結びついている。生態系の多様性を考えるうえで、この地域の特殊性を考慮することが大切である。

生態系の多様性を定量的に評価することは困難であるため、一般的には生態系の多様性は次の5つの観点からとらえることがある。

①種数の多さ
②優占度（各種が占める個体数や現存量の全体に占める割合）の均一性
③生物量（個体数、現存量、生産量等）の多さ
④生態系を構成する要素間の密な関係
⑤構造の複雑さ

以上のことから、種数が多く、それぞれの個体数が均等しており、生物量（生産量）が大きく、構造が複雑で、関係性も密な生態系は多様性の高い自然（豊かな自然）であるということができ、マングローブ林、干潟や熱帯多雨林など

はこれによく当てはまる。

一方、別の尺度として人為の影響の度合いから自然を判別することもできる。例えば原生林は自然度が高く、植林地は自然度が低いというように用いる。一般には人為が加わるほど単純な自然に改変されることが多いが、伝統的な里山のように適度な利用がかえって生物の多様性を増す場合もある。

実際には、外からみて生態系が健全であることを確認する作業は困難であるが、簡便には、対象とする生態系に「キーストーン種」あるいは「アンブレラ種」といった生態系の状態を表す指標となる種が生息しているかどうかで判断する方法がある。

「キーストーン種」とは、群集における生物間相互作用と生物多様性の要をなしている種のことで、その種を失うと生物群集や生態系が異なるものに変質してしまうと考えられている。キツツキ類はキーストーン種の代表例である。キツツキは樹木の中に生息する昆虫を採るため幹に小さな穴を開けたり、巣を作るために大きな穴を開ける。その穴はフクロウなどの樹洞性の鳥類やコウモリ、ムササビなどの哺乳類に利用される。もしキツツキ類がいなくなれば、これらの動物の生活環境は厳しくなり、その生態系から姿を消していくことになる。

このようにキーストーン種は、その個体数などから推測される以上に、生態系の多様性を高める大きな役割を果たしている。したがって、キーストーン種を探し、保全することは、生態系の多様性を保全するうえで大変重要なことなのである。

「アンブレラ種」とは、生息地面積が大きく食物連鎖の最高位、すなわち生態系ピラミッドの最高次に位置する消費者のことである。アンブレラ種が生息する生態系では、生態系ピラミッドの傘下の多くの種が生息・生育できるとみなされるため、アンブレラ種が成育できる生態系を保全すれば、生物多様性が保全されると考えられている。日本ではワシ・タカ類といった猛禽類やクマなどが相当する。

アンブレラ種を保全する際に大切なことは、イヌワシやクマタカという単一

の生き物だけに目を奪われるのではなく、生息する生態系全体を視野に入れた取り組みが必要不可欠となる。ワシの巣を守るために、その周囲のみを保全したとしても、それが生態系全体を持続させるものでないとしたら、保護したはずのワシがいつのまにか消えてしまう可能性も生じる。アンブレラ種といえども生態系の中で他の生物や環境とさまざまな関係を結びながら存在しているので、その関係性を含めて保全しようとすれば生態系そのものを丸ごと保全する以外に方法がない。

　特定の個体や種のみに保護の手を加えると、かえって生態系全体のバランスを崩すおそれもある。かつて狩猟用のシカを保護するために捕食者のオオカミを駆除したところ、シカが増えすぎて植生が破壊され、結局はシカも減ってしまうという出来事があった。すでに本来の生態系が破壊されていて、緊急避難的に特定の個体や種を保護することは、それなりに重要なことであるが、本来は破壊される前に生態系全体を考え保全することが一番大切である。貴重な種ばかりを取りあげるのではなく、多様な種の存在についても考えなければならない。

　「生物多様性」を維持するということは、守るべきものは遺伝子あるいは種だけでは不十分であり、それぞれの生物特有の暮らしと暮らしている環境の保全が何にも増して必要である。

　生物多様性は、遺伝子レベル、種レベル、生態系レベルの3つのレベルでとらえることができるが、まず、生態系レベルでの多様性を確保することが、遺伝子レベルや種レベルの多様性の保持にもつながることになる。

　地域の生態系の多様性を簡単な指標で表現することは難しいが、つぎにあげるような特徴のいずれかをもつ種は、その種の保全を追求することによって、地域の生物多様性の保全そのものに貢献するところが大きいと考えられている。私たちの生物多様性についての把握が不十分である現状では、そのような指標の実用的な価値はきわめて大きいものといえる。

　①生態的指標種：同様の生育場所や環境条件要求性をもつ種群を代表する種。
　②キーストーン種：群集における生物間相互作用と多様性の要をなしている

種。そのような種を失うと、生物群集や生態系が異なるものに変質してしまうと考えられる。

③アンブレラ種:生育地面積要求性の大きい種。その種の生存を保障することで自ずから多数の種の生存が確保される。生態系ピラミッドの最高位に位置する消費者がこれにあたる。陸上では、大型の肉食哺乳類や猛禽類がアンブレラ種となりうる。

④象徴種:その美しさや魅力によって世間に特定の生育場所の保護をアピールすることに役立つ種。

⑤危急種:希少種や絶滅の危険の高い種。生育・生息のためもっとも良好な環境条件を要求する種を保護することで、多くのふつうの種の生育条件が確保される。

保全に値するどのような生育場所にも生物群集にも、必ず上の条件に該当する種が見いだされるはずである。これらのうちのいくつもの項目に該当する種があれば、モニタリングの指標や保全目標として取りあげることの有効性はとくに大きいものとなる。

2 >>> 絶滅しやすい種を考える

レッドデータブックに記載されたレッドリストや種の保存指定種、天然記念物指定種を眺めると、共通の特徴がみえてくる。絶滅の可能性が高い種は、次のような問題を抱えている。

*1 個体群の問題

単一個体群の種、あるいは個体数の小さな個体群(集団)は、多くの個体群から構成される種、あるいは単一であっても個体数の大きな集団と比べると人為的改変に対して脆弱である。とくに個体群が小さくなっている場合には絶滅の可能性はきわめて高くなる。

個体群の個体数が大きくても生息密度が低い場合には、道路等の開発行為に

より生息域が分断され、ひとつのまとまりにわずかな個体しか生息していないという状況が作られることがある。個体数がきわめて小さいとその種は子孫を残すことが困難となり（近交弱勢）、絶滅の可能性は高くなる。また、集団内からキーストーン種がいなくなった生態系は、崩壊する速度がきわめて速くなる。

*2　生息地の問題

　島しょ（小さな島々）あるいは分断され断片化してしまったきわめて限られた生息域に生息している種は、人為的改変に対しとても脆弱である。感染症や有害物質による汚染などが一度発生すれば、その影響は瞬く間に広がり絶滅の危険性がきわめて高くなる。そのため生息域は最低でも2か所は必要であり、そのあいだの移動経路は確保されている必要がある。生息域の自然環境が改変されると、そこには優先的に外来種が侵入、定着することがある。多くの在来種には外来種に対抗する力をもっておらず、絶滅の可能性が高くなる。

*3　移動の問題

　環境が改変されても、移動能力に優れた生き物は新たな生息地を探し移動することができる。しかし、移動能力が低い、あるいは移動能力を上回る速度で環境変化が進行することにより絶滅の可能性は高くなる。また、渡り鳥やサケの遡上のように長距離を移動しながら生活する生き物にとっては、移動を妨げる障害物の存在や中継地の破壊などにより生活環境を保持することができなくなるため、絶滅していく可能性がある。

*4　そ　の　他

　環境変化に対する適応力、すなわち環境変異や突然変異が起こらないか、あるいは起こりにくい種は、感染症の流行や外来種の侵入など外部からの影響に抵抗する力をもてず絶滅する可能性が高い。また、ゲームハンティングやペット用として人気の高い種は、乱獲により絶滅する可能性が高くなる。

3 》》》 個体群を保全する

　種の絶滅は種の多様性を減少させ、最終的には生物多様性を貧弱なものへと変えていく。そのため、絶滅の可能性が高いと判断された種は「絶滅危惧種」などにリストアップされ、生息地を保全したり乱獲の影響を最小限とする対策がとられる。

　この手順には、法規制によるものや人間のモラルに訴えかけるものなどさまざまである。しかし、現実問題として絶滅危惧種に指定されてからでは絶滅を回避することが手遅れの場合もあり、絶滅危惧種に指定される前に手を打たなければならない。そのためには、種の絶滅可能性を推定する手法が不可欠となる。

＊1　絶滅のメカニズム

　人為の影響で生息地が破壊・分断されたり、乱獲や外来種あるいは有害化学物質、海洋汚染などの環境汚染の影響を受け、個体群の減少化が進行していくと、個体群はもとに比べ小集団となる。個体群の絶滅の可能性は、一般的には小さな個体群のほうが大きな個体群よりも高い。これは個体群が小さくなるに従い遺伝子の多様性（遺伝的変異）が減少し、環境変動への適応力が低下するとともに近交弱勢が進んでいくためである。その結果、生存率は低下し個体数はさらに減ることになる（図2-2）。

　小集団化した個体群は生まれてきた子孫の性比がオスやメスに偏るといった偶然的な人口学的変動の影響を受けやすく、さらには気象などの環境変動の影響が加わることで、環境変動への適応力が低下している個体群は個体数が激減していく。

　この悪循環を「絶滅の渦」あるいは「ボルテックス効果」とよんでいる。これは必ずしも生息地の破壊・分断等が引き金となっているわけではなく、小集団特有の上記に述べた脆弱性が偶然に重なった結果として、最終的に絶滅に至るケースもある。

絶滅のメカニズムはいずれの場合も同じであるが、絶滅に至る過程にはいくつかの異なるタイプがある。

図2-2　絶滅のメカニズム

①個体数の減少が急激に進行している集団：個体数が急激に減少している集団では、比較的早い時期に絶滅することが予想される。このタイプの集団は一刻も早く生息地を保全し、法的規制も含めて最善の策をとる必要がある。

②個体数の減少速度が緩やかとなった集団：ある個体群の個体数が減少していくが、ある時期以降、減少速度が緩やかとなり安定あるいは回復の兆しがみえてきた集団は、一見すると絶滅の危険を回避できたかのように思える。しかし個体数が一度減少してしまった個体群には「絶滅の渦」が再び起こる可能性がある。したがって、絶滅の渦の可能性が回避される個体数まで回復させる努力が必要となる。

③長期にわたり持続的に維持されてきた集団：生息地が確保され、かつ安定した環境の中にある個体群は絶滅の可能性がないのであろうか。そのような生き物でも長期的にみれば大きな環境変動が起こり小集団化し、そして絶滅の渦へと巻き込まれていく可能性があるので注意を要する。

現時点では、このうち①と②の絶滅タイプを回避することが緊急の課題となっている。

*2　絶滅の可能性

生き物の絶滅の可能性は「個体群動態」のコンピューターシミュレーションを行うことにより推定することが多くなってきた。ここでは、その基礎部分を概説し、ここから得られる知見を参考に検討を行う。

個体群動態とは将来の人口変動（増加率や減少率など）を取り扱う場合と同様、以下のようにして推定される。

ある個体群の個体数Nが時間tあたり、1個体あたり平均rの割合で増加したり減少したりしていると考えると、そのときの関係は、

$$dN/dt = rN \quad (1)$$

で表すことができる。dN/dtとは微少な時間dtのあいだに個体数Nが変動する割合を示している。rは個体数の増加率である。これは指数曲線となり、短い時間で個体数が幾何級数的に増大し発散する。これをマルサス的成長という。現実の世界では、生き物はある特定の環境下に生活しているため、そこに生活できる個体数には限界があると考えられる。

ここで、

　　　a：個体数あたりの出生率（個体群の大きさNが増加すると減少する）
　　　b：個体数あたりの死亡率（個体群の大きさNが増加すると増加する）

とすると、rは、

　　　$r = a - b$

と表せる。rが0より大きいならば個体群の個体数は増加し続け、逆にrが0より小さいならば個体群の個体数は減少し続ける。

(1)式は個体群の個体数を表現する式であるが、実際にはrが0より大きい場合であっても個体数が無限に増大し続けることはなく、ある一定の個体数レベルになると飽和し安定する。これは、個体数が増えるに伴い増加を抑制する効果（密度効果）が働くためである。密度効果とは、「個体群の密度が増加することによって食料や生活空間をめぐり種内競争が激化したり、接触機会が増えて病気が蔓延したり、天敵にみつかりやすくなること」をいう。この密度効果を(1)式へ加味すると(2)式のようになる。

$$dN/dt = rN(k-N)/k \quad (2)$$

(2)式は「ロジスティックモデル」とよばれ、k を「環境収容力」という。環境収容力とは「その生息環境で個体群が維持できる最大の個体群サイズ」のことで、その生息環境の食料や水などの資源に規定されるサイズである。

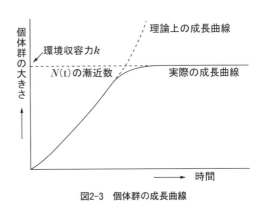

図2-3 個体群の成長曲線

個体群サイズ N を時間 t の関数 $N(t)$ と表し(2)式を積分すると(3)式となる。

$$N(t) = k/(1+e^{c-rt}) \quad (3)$$

　c：定数

(3)式は「ロジスティック成長式」とよばれる。この関係をグラフに描いた曲線を「ロジスティック曲線（成長曲線）」（図2-3）といい、S字状の曲線を描き一定値に収束していく。このとき収束していく個体群の大きさは環境収容力の k である。生態系には密度効果のような生物間相互作用が働いているため、個体数は爆発的に増加する（マルサス的成長）ことなく、平衡状態に収束していく（ロジスティック成長）ことになる。

　地球上に生息する生き物は成長曲線のカーブの形は異なるにせよ、どれもS字状になる点では一致している。しかし、唯一の例外は人間であり、人口は増加し続けている。

　(3)式のロジスティック成長式では、個体数は滑らかに平衡状態に収束していき、絶滅を表現することはできない。そこで、2種類の項で表される確率変動を考える。

　はじめの確率変動は、個体数の増加率 r の値そのものが一定値ではなくランダムに変動していることによる確率変動（人口学的確率性）の影響であり、2つ目は、気温や雨量などの環境要因によっても r が変動することによる確率変動

（環境確率性）の影響である。この状況は、例えば生まれてくる子どもが続けてオスばかりになるとか死亡するといった場合に相当し、子孫がオスに偏ればrの値は0に近づいていくといった変動である。

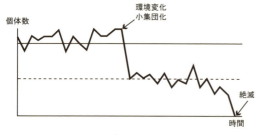

図2-4 カノニカルモデルを用いた絶滅のメカニズム

つぎの状況は、例えばドングリのなり年（豊作の年）はメスグマはたくさんの栄養を摂取し冬眠できるため出産率は高くなり、逆にドングリが凶作である年には出産率は低くなることが知られている。このように環境要因によりrの値は絶えず変動している。

周期性がなくランダムに変動するこの2個の確率変動を(2)式に加えると確率微分方程式（カノニカルモデル）が得られる。このモデルでは、これら2個の確率変動が同時に働かないと絶滅は生じない。すなわち、人口学的確率性だけでも絶滅は起こるがきわめて遅くなる。また環境確率性だけでは絶滅は起こらないことがわかる（図2-4）。

つまり、悪条件の天候など環境の変動が数年続いたりして個体数が減少したところに、人口学的確率性が強く作用し個体群を絶滅に追いやることになる。

個体群の絶滅の可能性は、対象とする種に関するさまざまなデータが揃っていて初めてカノニカルモデルにより予測することができる。このような分析方法は「個体群絶滅（存続）可能性分析」とよばれ「PVA」と省略されよばれることもある。

PVAにより分析され算出される数値に「最小存続可能個体数（MVP）」がある。これは確率的変動の効果により個体群が絶滅しない最小の個体数のことであり、例えば、ヒグマの集団が100年間、95％の確率で存続する個体群のサイズは50頭である、という表現をする。

個体群の個体数の減少が進行すると、上記2種類の確率変動以外に洪水や火山噴火、あるいは感染症などまれに発生する大災害（カタストロフ）や「遺伝的

確率性」による絶滅の可能性を考慮する必要が出てくる。遺伝的確率性とは遺伝的変異の減少のことであり、ランダムに変動する人口学的確率性や環境確率性とは異なり、個体数を確実に減少させていく要因である。近交弱勢や「アリー効果」の消失などが知られている。アリー効果とは、個体が集団化することによって環境への適応力が増加する効果のことである。

　遺伝的変異は遺伝子の多様性を表す指標であり、遺伝子の多様性が高ければ着目する形質の遺伝子（対立遺伝子）が異なる組み合わせとなっているヘテロ接合の確率が高くなる。しかし、小さな個体群ではこの対立遺伝子の変動は安定せず、偶然によって不規則に変動するようになる。この過程を「遺伝的浮動」とよぶが、その結果、偶然により消滅してしまう遺伝子が生じることがある。これが「遺伝的変異の減少」である。

　個体群の個体数が減少すると、ヘテロ接合の割合が減少し、他集団から新個体が侵入してきたり、近交弱勢あるいは「異系交配」による弱勢などの有害な遺伝的影響を受けやすくなる。異系交配とは、種数や生息地面積が著しく減少した場合にみられる、異種間での交配のことである。この結果生じた子孫は生活力に乏しいことが多い。この状態を「異系交配弱勢」という。

　こうなると、多様性が回復するまでに多くの時間が必要となり、例えば個体数はもとへ戻ったとしても、遺伝子のヘテロ接合度は低いままで推移していくことが多くなる。このような現象を、ビンの口が細くしまっている様子にたとえ「ボトルネック効果」とよんでいる。

　ある個体群において、例年に比べ死亡率が高く出生率が低い年があったとする。小さくなっていく集団は、その翌年にはさらに人口学的な変動を受けやすくなる。ここに生息地の破壊や分断による影響が加われば、その集団は絶滅する可能性がきわめて高くなることは容易に想像される。

　一般的には個体群を構成する個体数が50個体以下になると、各個体の出生率、死亡率の偶然的変動が直接その集団を構成する個体数の偶然な変動に影響を与えるといわれている。PVAから算出される個体群の有効サイズは50個体以上ということができる。

さらに、遺伝子の多様性を維持していくためには個体群の有効サイズは500個体以上に保つ必要があるとされている。しかし、この数値は種によっても生息環境によっても異なるものであり、多くの種に関するさまざまなデータが蓄積されるまでは、どの生き物でも個体群の個体数が500を切れば絶滅の可能性が高くなり、50を切ればその可能性がきわめて高いという程度に考えておく必要があるだろう。

＊3　集団を保全する

ここまでは、個体群はひとかたまりの生息域で出産、成長、繁殖、死亡を完結させる、移入先のない閉鎖個体群として扱ってきた。しかし実際には、草原や河川敷に生育する植物の中には複数の個体群をもち、それらは種子や花粉によって遺伝的な交流をもっていることが知られている。またチョウの中には複数の生息地のあいだを往復しながら存続する性質をもったものが多い。

このように、個体群の存続には、それまではその種によって占められてはいなかった新たな生息地への個体の移入による、新たな局所的個体群の形成が必要となる場合が多い。その場所には既存の個体群と、それらが分散可能な生育地の両方が確保される必要がある。

このように相互に移動可能な遺伝子の交流が可能な個体群は「メタ個体群」とよばれ個体群や生物多様性を保全する観点から注目されている。

個体群には、その集団の大きさにより、小さい順に、局所個体群（local population）→地域個体群（submeta population）→メタ個体群（meta population）あるいは超個体群に分類され、それぞれが階層的な構造を形成している。局所個体群は単に「パッチ」とよばれることもある。階層構造のとらえ方としては、地域個体群は局所個体群の集まりからなるので、局所個体群とメタ個体群の2つの階層を考える場合も多い。

局所個体群や地域個体群は、自然交雑により遺伝子の多様性の維持・回復に寄与しているが、常に人為的あるいは自然現象によりかく乱され不安定な環境下にあるため、たとえこのレベルで個体群が絶滅したとしても、メタ個体群内

の局所個体群のネットワークが形成されていれば、それを通じて個体群は遺伝的に保存されることになる（図2-5）。

逆に考えれば、局所個体群のつながりが分断されることで、個体群の絶滅の可能性はきわめて高くなるということである。MVPを推定する際には、その個体群が存続を保障する生息地の大きさを推定することが重要である。この

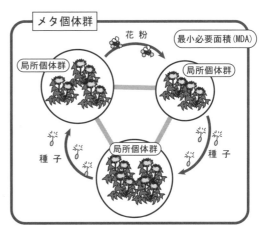

図2-5　個体群の階層構造

場合には、メタ個体群を維持するのに必要な面積である最小必要面積（MDA）を推定することになる。

メタ個体群の考え方に立てば、個体群はひとかたまりの生息域で出産、成長、繁殖、死亡を完結させているのではなく、移出入により複数の局所個体群（パッチ）を利用していることになる。したがって、対象とする個体群動態は観察対象ではない場所（他の局所個体群）の変動にも影響されるため、個体群を保全する場合にはメタ個体群のレベルで保全することが必要となる。

4 》》》 生息地を保全するために

生息地を保全するために、法的規制により保全地域を指定することも大切である。ここでは、多くの保全対象地域を保全する際の優先順位を決定する基準や、指定する保全地域の範囲を決定する判断基準について概説する。

＊1　保護・保全地域の分類

IUCNによると、「保護地域」とは「生物多様性及び自然資源や関連した文

化的資源の保護を目的として、法的にもしくは他の効果的手法により管理される、陸上もしくは海上の地域」と定義されている。そして、人的介入による管理の度合いにより保護地域を6つのタイプに分類している。

　カテゴリー1は厳格な保護であり人間の営みは排除される地域である。カテゴリー2、3は保護と人間が利用に供するレクリエーションを両立させる地域と位置づけられている。カテゴリー4は生物種や生息地は管理され、必要に応じて人為を介入させ生態系等の回復を図る地域である。カテゴリー5は農地など人が暮らしを営み文化を保有している地域の保護である。カテゴリー6は地域に暮らす人々が地域の天然資源を持続的に利用できるように設定された保護地域のことである。

　IUCNによると、世界には保護地域に指定された土地が世界の土地面積の10％近くあるという。価値のある場所を保護地域に指定することは比較的簡単ではあるが、実際に保護・保全するためには資金や専門的知識などに加え、地元住民の理解や協力が必要不可欠となる。自然の恵みを切り売りするよりも自然を残し活用することで、例えばエコツアーなどにかかわる雇用が生まれたり、持続的に食料を得ることができるという理解を地域内に浸透させていくことも大切なことである。

＊2　保護のための優先順位

　一度に多くの地域を保護の対象とすることは不可能である。そのため、対象とする地域に優先順位をつける必要が出てくる。

　「ホットスポット」を選定する際の基準をみてみよう。国際NGO「コンサベーション・インターナショナル（CI）」によると、ホットスポットは「動植物の宝庫であるにもかかわらず、その存在が最も脅かされている地域」であり、2012年1月現在、地球上で34地域がホットスポットに選定されている。その中でもとくに緊急を要する地域を最重要ホットスポットとよぶ。

　ホットスポットは地球の面積の2％を占めるにすぎないが、そこには全世界の約50％にのぼる生物種が生息しており、約11億人もの人間が暮らしている地

域である。平均人口密度は世界平均の約 2 倍、人口増加率は1.5倍というこの過密地域は地球上でもっとも生物多様性に富む地域でありながら、同時にもっとも生物多様性が危機に瀕している地域でもある。

ホットスポットは以下に示す 2 つの基準に基づき選定される。

①固有性（ある特定の地域のみに生育する植物種の存在）

②危機的状況（動植物の生息・生育地の急激な減少）

植物は生態系の基礎を担う生産者であり、地球上のすべての生き物の生命を支える土台である。したがって、植物の種構成の変化やキーストーン種の減少はホットスポットを選定するうえでもっとも重要な位置づけとなっている。

このようにホットスポットをある基準に沿って選定することで、速やかに最大の保全効果をあげるための活動を展開することができる。これにより、例えば保全資金の優先的配分や重点的活用を図ることが可能となる。

＊3　ギャップ分析

ホットスポットなど生息地の保護計画を有効で確実なものとするための手法として、現在計画されている保護地域と本来あるべき姿の保護地域の隔たり（ギャップ）を比較、検討する方法がある。これを「ギャップ分析」という。

野生生物の実際の生息分布と計画された保護地域の範囲が地理的に重なっていない場合など、生物多様性の保全上重要な地域を固有性、危機的状況などの因子により抽出した後、保護地域のギャップ分析を行い、現実との隔たりを是正するものである。これにより、自然環境に関する法制度による保全を的確に実行すること、そして保護資金の優先的活用を行うべき地域を選定することが可能となる。

ギャップ分析は植生分布、気候、地形や動物の生息分布、希少種の分布、土地利用の状況など、自然環境に関する多くの情報を一度に重ね合わせギャップを抽出する手法であるため、現在ではコンピューターを活用したGIS（地理情報システム）を利用して分析される。GIS分析は計画保護地域に含めるべく重要な地域を明らかにしたり、開発計画から外すべき地域を特定する際に役立ってい

る。

このようにGIS分析は、対象とする地域に生息する生き物の生物情報と、それを取り巻く環境の非生物情報を一度に取り扱うことにより、相互の関係を明らかにし計画保護地域に含まれていない大切な生息地を見つけだしたり、希少種やキーストーン種が生息している可能性が高い地域を探しだすのに有効である。

＊4 保護地域のデザイン

保護地域を計画するうえで考慮すべき主な点は、
①感染症の流行などへの対応
②生態系の要となるキーストーン種の保護
③絶滅の可能性を低くする個体群の有効サイズ
④保護地域の効果的形状

があげられる。以下に上記事項について概説する。

保護地域が1か所であると、その地域内に感染症や有害物質などの影響が広がっていけば保護地域に生息している種は逃げ場を失い、全滅しないまでも激減していく可能性がある。したがって、保護地域は最低でも2か所に分散して保護する必要がある。

キーストーン種は保護区の生物群集の安定には欠かすことのできない種である。これを欠くと食物連鎖のバランスが崩れ、生態系が崩壊することになる。

PVAの結果や遺伝子の多様性を考慮すると、個体群の有効サイズは最低でも500個体は必要であるため、実際には保護地域内に生息する保護対象種のすべてに対し、この数値を適用することは困難である。一般的にはキーストーン種のうちもっとも生息密度の低いもの（通常は大型肉食動物）に対して起用する場合が多い。

(1) 保護地域の効果的形状

対象とする種を保全するには、一体どのくらいの大きさの保護地域を設定すればよいのだろうか。この問題は、キーストーン種のうちもっとも生息密度の

低いもの（通常は大型肉食動物）が必要とする最小面積を設定するという方法があった。それでは保護地域の総面積が決まっている場合には、大きなひとつの保護地域を設定するほうがよいのだろうか、あるいは複数の小さな保護区を設定するほうがよいのだろうか。

　この問題は、Single Large or Several Small の頭文字をとって「SLOSS問題」とよばれている。結論からいうと、より好ましい保護地域の形状は右の図2-6のようであると考えられている。ただし、これはあくまでも一般論であり、実際のすべての保護地域に適用されるというものではない。

(2) 保護地域の面積

　一般的には大型の動物の生息・生育を保証するためには大きな保護地域が必要

図2-6　保護地域のデザイン

であり、大きな保護地域は多くの種の定着を可能にするとの考えから、面積は大きいほど好ましいとされている。

　この考えかたは、生き物の種数と海洋島の大きさ、あるいは生き物の種数と

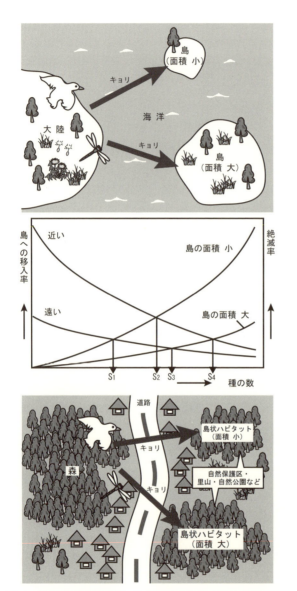

図2-7 島の生物地理学モデル（島の面積とその島に生息する種数の関係）
（ヨーゼフ・ブラープ（1997）「ビオトープの基礎知識」(財)日本生態系協会より）

大陸から海洋島までの距離の関係を明らかにしようとして発展してきた「島の生物地理学」のモデルからも裏づけられている（図2-7）。

島の面積とその島に生息する種数の関係は、「種数-面積関係（面積効果）」とよばれている。「種数-面積関係」は、島で絶滅していく種と大陸から移入してくる種が平衡となった結果であり、島の面積と大陸からの距離に依存している。移入率は島の種の密度が高まれば減少し、絶滅率は逆に増加する。結論として、島の面積が大きければ種数が増えても絶滅の可能性は低いため、多くの種の生息が期待されることになる。

島状に点在する保護地域は、周囲の森林地帯などのより大きな生物群集から隔離された島とみなすことができる。したがって、ここに「種数―面積関係」を適用すれば、保護地域を設定する場合、面積が決められていれば一般的には単一の大面積保護地域のほうが複数の小面積保護地域を設定するよりよいことがわかる。

　ただし、これについては異論もある。先に述べたように感染症の流行や外来動植物の侵入、火事などのカタストロフが発生した場合には、避難する場所を確保しておく必要があるとの認識からである。

　結局のところ、保護地域の設定は一般的には大面積のほうが多様な生息地を含み、絶滅率も低いため大きな個体群を維持できる。したがって多くの種を維持するためには大面積の保護地域が有利である。しかし対象とする種や生息地の状況によっては複数の小面積保護地域のほうが有利となる場合もある、ということになる。

　保護地域の面積に上限が設定されていない場合には、保護地域はできるだけ大きく設定したほうが有利となる。保護地域は大きいほどよいとはいっても、実際は多くの土地が人間の生活領域としてすでに利用されているため、保護地域を無限に大きくすることは不可能である。それでは最低必要な面積である最小必要面積を見積もることはできるのであろうか。

　一般にキーストーン種あるいはアンブレラ種である生態系ピラミッドの最高次の消費者は他の生き物と比べ生息に必要な面積が最大となる。キーストーン種やアンブレラ種が生存していくことができれば下層の生き物も生存することが可能となるため、その地域における最高次消費者の個体群の維持に必要な面積が最低の保護地域の面積と考えられる。

　例えば、猛禽類のイヌワシのつがいは少なくとも6,000ヘクタールの生息地を必要とし、オオタカは数100～1,000ヘクタールであるといわれている。したがって、イヌワシ、オオタカの最小必要面積はそれぞれ6,000ヘクタール、1,000ヘクタールということになる（㈶日本生態系協会，1998）。

　猛禽類は保護地域のキーストーン種でありアンブレラ種であるため、イヌワ

シやオオタカが生息できる面積を保護地域の最小面積に設定することは意味のあることである。

(3) 保護地域の形状

一般的には保護地域の形状は、有害な「エッジ効果」を最小とするような丸型が好ましいと考えられている。

「エッジ効果」とは、「生息地や保護地域において、外部の環境と接している周縁部（エッジ）は外部からの影響を受けやすく、内部環境とは異なる物理、化学、生物的変化が生じること」をいう。

例えば、面積が100ヘクタールと同じで、一辺が1,000メートルの正方形の保護地域と、半径564メートルの円形の保護地域を考える。保護地域周辺部では日射量、気温、湿度、風量などの気象条件、あるいは外来生物や捕食者の侵入などにより絶えずエッジ効果を受けている。仮に周縁部から内部へ100メートル入ったところまでがエッジ効果を受けていたとすると、保護地域の面積は正方形でも円形でも同じであるが、生き物が安心して暮らせる環境は、

　　正方形保護地域：約64ヘクタール

　　円形保護地域：約68ヘクタール

となり、円形保護地域が有利であることがわかる。

さらに、生き物には保護地域の真ん中を好む種（インテリア種、インナー型）と周縁部を好む種（エッジ種、エッジ型）がいるが、インテリア種を考えた場合、中央から周縁部までの距離が問題であり、やはり

正方形保護地域：400メートル

円形保護地域：464メートル

と円形保護地域のほうが周縁部から長い距離をとることができる。

このように、同一面積

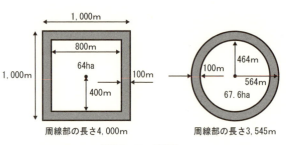

図2-8　エッジ効果

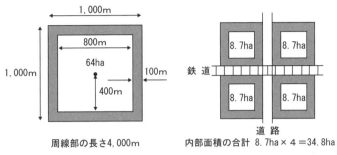

図2-9 分断化とエッジ効果による生息地の減少

であればなるべく周縁部の長さが短くなり（それだけエッジ効果を受ける長さが減る）、エッジ効果の影響を最小限とする丸型がよいと考えられる（図2-8）。

さて、ここに森を分断する形で南北に幅10メートルの道路を建設し、さらには東西に幅10メートルの幅の鉄道を敷いたとすれば、面積にして森全体のわずか2％を占めるにすぎない改変となるため、これらの開発に伴う環境への影響は微々たるものと判断されてしまうことがある。しかし、たった10メートル幅の森を切り開くだけで森は各々495メートル×495メートルの面積の4つのパッチに分断されてしまうことがわかる。そして、それぞれの中心点からもっとも近い外周境界までの距離は247メートルに減少、すなわちもとの森林の半分となってしまうのだ。こうなると、人間が道路や鉄道から森の内部へ侵入することが簡単となり、森の奥地を好む生き物がほかの生き物に捕食される危険性が増大してしまう（図2-9）。

面積にしてたった2％の改変は、森を小さくし、人やほかの生き物の侵入を容易なものとするだけでなく、エサ場から繁殖場への移動を困難なものにする。このように、生息地の分断化は生き物の生活を脅かし、そして個体数を減少させていくのである。

(4)保護地域の配置

大陸と島、島と島の間隔と種数の関係は「種数-距離関係（距離効果）」という。大陸や島と島の距離が短いほど種の移動は容易であるため、種の多様性は大き

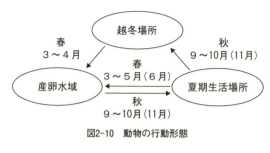

図2-10 動物の行動形態

くなる。

　また、保護地域が複数存在する場合には、その配列が問題となる。配列は生き物の移動を考えた場合には、どこへ移動するにも移動距離が短くてすむよう列状よりも塊状のほうがよく、その場合、複数の保護地域は相互に等距離に配置されることが望ましい。

　さらには、複数の保護地域間の移動を容易にするため、保護地域間が細長いベルト状のコリドー（回廊）でつながれていることが望ましい。つなぐことで動植物がある保護地域から他の保護地域へ移動することを可能にし、その結果、近交弱勢の影響を低減させ遺伝子の多様性を維持することができるし、感染症や火事などの発生から逃れることもできるようになる。

　動物にはそれぞれの行動形態があるが、通常はエサ場、ねぐら、繁殖場の3つの場所を移動しながら暮らしている。したがって、それぞれの場所が保護されたとしても、3か所を自由に移動できる環境が消失していては、動物は生きてはいけなくなる。このような場合にもコリドーで生息地や保護地域をつなぐエコロジカル・ネットワークが不可欠となる（図2-10）。

　今までは保護地域の大きさや形状、場所などの空間的配置は人間の生活域や土地利用の形態などを反映した判断基準によるところが多く見受けられた。しかし、現実的には河川流域、集水域、山岳といったまとまりのある全生態系を含むように設計されることが大切である。

　そして、そのまとまりのある全生態系の中に保護地域の対象外となる人間の生活域が含まれてくる場合には、人為の影響を管理することにより全生態系の質を損なうことのないよう細心の注意を払う必要がある。

5 >>> 生物多様性を保全するうえでの方針

　日本の自然を形成している生態系を2つの観点から分類し、それぞれのタイプごとに生物多様性を向上させていくための考え方、手法を検討する。
　2つの観点とは、
①生物多様性を形成するスケールで分類する。
　　奥山、里地里山、都市、河川・湿原、海岸・海洋、島しょ地域それぞれの特性に応じた保全プログラムを検討する。
②生物多様性を自然度で分類する。
　　自然度あるいは人為の影響の度合いを示す「植生自然度」に応じた生物多様性保全のプログラムを検討する。
のことをさす。
　生物多様性保全のプログラムを検討するにあたり、私たちが具体的にすべきポイントは以下のようにまとめられる。
①重要地域の保全と生態系ネットワーク形成
　　・保護地域を法的に守る
　　・自然公園の生態系保護への利用（環境関連法の改正など）
　　・緑の回廊の有機的結びつきの強化（エコロジカル・ネットワーク）
②里地里山の保全と利用
　　・自然公園内の里地里山の管理協定の導入
　　・里山における自然再生事業の実施
　　・都市と農村の有機的結びつきの強化
　　・NPOや地域住民等の連携による里山の維持・管理活動の強化
③湿地の保全
　　・重要湿地の選定と自然再生事業の実施
　　・順応的管理による自然再生
　　・NPOや地域住民等の連携による湿地の維持・管理活動の強化
④自然の再生・修復

・順応的管理の考えかたを導入
　　・NPOや地域住民、自治体、専門家など多様な主体の参画
⑤野生生物の保護・管理
　　・絶滅回避の対策（とくに島しょや里地里山、湿地など絶滅危惧種が集中する地域の予防措置）
　　・移入種対策（進入の予防、進入の早期発見、定着した生物の駆除）
⑥自然環境の調査・モニタリングの充実
⑦国際的取り組み

　順応的管理とは、予測不能な振舞いをすることもある生態系を管理するためには、不規則に変化する事態に柔軟に対応する必要があるため、当初、目標として計画された再生後の生態系の姿を目指す管理手法はとらず、その時々の状況に応じ目標の軌道修正を繰り返しながら計画・設計の変更が行われていく管理のことである。

＊1　エコシステム・アプローチ

　従来の生物多様性の保全は、
　・健全な生態系の重要さに対する認識の希薄さ
　・自然と歴史、文化を統合した保全対策の不徹底
　・希少種や固有種の保全、保護区での保護に偏った活動
　・保護区外の生物多様性の軽視
　・関係者間の連携の不徹底
などが原因で効果をあげるに至っていなかった。これらの反省に立ち、
　・自然資源の管理、利用を考える範囲を、生態系の構造、機能を考慮したまとまりとすること
　・そのひとまとまりの生態系の中で人為が与えている影響を、すべての関係者が十分に把握していること
　・人為の影響をモニタリングし、必要に応じて管理、利用の方法を見直す体制を作っておくこと

などの重要性が改めて重要視されている。

上記に述べたように、自然資源を管理、利用する者が、生物多様性の保全と持続可能な利用、健全な生態系を維持するうえで考慮すべき基本的な考えかたを「エコシステム・アプローチ」という。これは、2000（平成12）年5月に開催された生物多様性条約第5回締約国会議において採択されたものである。

エコシステム・アプローチの基本的考え方を要約すれば以下のようである。

原則　生態系からさまざまな資源を持続的に享受するために、生態系の構造と機能を保全することが優先目標である。

原則　人間は生き物や生態系のことをすべてわかったわけでないことを認識する。生態系への管理は、他の生態系へ未知な、あるいは予測できない影響を与えることがしばしばあるため、影響の可能性を慎重に考慮し、分析する必要がある。また、生態系はその環境容量の範囲内で管理されなければならない。

原則　生態系は、種の構成や個体数を含め常に変化していることを認識し、生態系の構造と機能を損なうことなく、変化と結果を予測しそれに対応するために順応的管理を活用すべきである。

原則　生態系を管理する際には、科学的な知識、地域固有の自然・社会情報などあらゆる種類の関連情報を考慮し、持続可能な範囲での自然資源の管理と利用の方向性を決める。

＊2　国際的取り組み

すでに生物多様性を保全する国際的取り組みははじまっている。例えば、ラムサール条約、ワシントン条約や世界遺産条約、あるいは2国間渡り鳥条約、ボン条約などの多くの条約が生物多様性条約と関連して連携を強化している。

さらには2国間、多国間での国際的協力による国際プログラム作りも活発化している。以下はその一例である。

(1) 地球規模生物多様性情報機構（GBIF）

経済協力開発機構（OECD）における検討の後、2001（平成13）年3月にGBIF

は発足した。生物多様性の保全には、世界各地域に生息する生き物の情報を正確に把握し、科学的に保全計画を立てる必要があるが、地球規模でのデータの蓄積が不十分であった。本プロジェクトは約175万種ある生物種の9割以上をカバーし、インターネットで閲覧できるシステムを作りあげることを目的としている。

(2)ミレニアムエコシステム・アプローチ (MA)

国連は2001（平成13）年6月、地球上へのさまざまな生態系を総合分析するという地球生態系診断の「ミレニアムエコシステム・アプローチ (MA)」を実施すると発表した。これは自然科学的、社会科学的の両アプローチから生態学機能の経済側面をも含めた診断である。

世界における生態系機能（とくに生物種、個体数、水資源供給機能、栄養塩循環機能、食料・エネルギー生産機能など）を調査し、生態系機能が社会・経済にもたらす恵みの現状と、それに基づく将来のシナリオ予測、および保全のための具体的な政策について、地域、国、流域、地球と多層スケール間の相互作用を考慮しながら総合的に評価しようとする試みである。

MAは政策を決定する者（とくに、生物多様性条約、ラムサール条約、砂漠化防止条約にかかわる関係者）に対し、世界の生態系の変化がもたらす人間生活や環境にかかわる影響について、科学的調査に基づいた情報を提供することにより、生態系管理を改善させることを主目的としている。

MAは、地球上すべての生態系の脆弱性と回復力、それにかかるコストなども調査する全地球規模のアセスメントであるといえる。この事業には、国連環境計画 (UNEP)、世界資源研究所 (WRI)、米航空宇宙局 (NASA) が参画している。

(3)地球圏・生物圏国際共同研究計画 (IGBP)

地球圏・生物圏国際共同研究計画 (IGBP) は、1986（昭和61）年に国際学術連合で決議され、1988年から研究が進められている地球規模での環境変動を解明する国際プログラムである。

地球温暖化、オゾン層の破壊等の地球環境問題は、いまだにそのメカニズム

が解明されてはいない部分が多い。そのため、地球環境を保全するための適切な方法を確立することが困難な状況にある。このような問題に対して、地球規模の環境変動のメカニズムを科学的に解明していこうとするものである。

【参 考 文 献】

環境省（2002）「新・生物多様性国家戦略」

環境省（2002）「新・生物多様性国家戦略～自然の保全と再生のための基本計画」ぎょうせい

環境省「自然環境保全基礎調査資料」(http://www.biodic.go.jp/kiso/fnd_f.html, 2012年5月アクセス）

環境省自然環境局野生生物課（2003）「改訂・日本の絶滅のおそれのある野生生物」自然環境センター

環境庁地球環境部編（1996）「地球環境キーワード事典」中央法規

杉山恵一（1995）「ビオトープの形態学」朝倉書店

生物多様性条約第五回締約国会議文章，環境庁仮訳（http://www.biodic.go.jp/cbd/pdf/5_resolution/ecosystem.pdf, 2012年6月アクセス）

堤利夫（1998）「森林生態学」朝倉出版

㈶日本生態系協会編（1998）「環境を守る最新知識」信山社サイテック

沼田真編（1995）「生態の事典」東京堂出版

藤森隆郎他（1999）「森林における野生生物の保護管理」㈱日本林業調査会

J. ブラープ（1997）「ビオトープの基礎知識」㈶日本生態系協会

R.B. プリマック・小堀洋美（1998）「保全生態学のすすめ」文一総合出版

矢原徹一・鷲谷いずみ（1997）「保全生態学入門」文一総合出版

CITES（1999）*CITES Trade Database*

IUCN（2000）*The 2000 IUCN Red List of Threatened Species*（http://www.iucnredlist.org/, 2012年6月アクセス）

大きくなりすぎた人間社会

　前章までに述べてきた自然界の仕組みをヒントに、私たち人間の暮らしについて考えていく。

　私たちは、大量生産・大量消費・大量廃棄の経済システムの中で、地質学的年代にわたり蓄えられた資源とエネルギーを急激に一方的に収奪し、快適な生活を守ってくれている環境を破壊しつつある。人間以外の生き物は「生命のゆりかご」地球を維持するべく物質の循環利用を継続しているが、私たちの暮らしはどうなっているのだろうか。空気、水といった身近な環境ですら、すでに無限の存在ではない。このことは、将来世代の人々の生きかたに大きな制約を課す可能性が高いことを意味している。

　このような状況が続けば、環境はもとより、地球自体の存続が困難になるであろうことは容易に想像できる。私たちには将来にわたり生き続ける望みがあるのだろうか。

　地球は急増する人口を抱え困惑している。すべての人を賄うだけの食糧を供給し、資源を地球生態系の物質循環速度の範囲で利用し続けること、そして、次世代の生き物たちへ素晴らしい地球の環境を受け渡すこと、これこそが私たちの時代の最大の課題である。

1 >>> 共有地の悲劇

*1　共有地の悲劇とは

　私たちが住むこの現代のグローバル経済の特徴は一体どのようなものだろうか。最大の特徴は、自然界の地球維持メカニズムを無視した大量生産・大量消費・大量廃棄である。このシステムによって私たちはあらゆる物を安く大量に手に入れ、技術を進歩させ、社会・経済基盤を確立し、便利で快適な生活、物質的な豊かさを謳歌してきた。そして今、先進国だけではなく多くの開発途上

国も経済的豊かさを求めて同じ道を歩もうとしている。まさに全人類が総出で物質循環の輪を断ち切ろうとしているかのようだ。

　私たちが直面している社会問題の原因は、人口の増加と経済活動の活発化が地球生態系の資源生産速度の限度を超えて資源を使い尽くしつつあること、そして、自然から搾取した資源は地球全体に均等に分配させるのではなく、その多くが一部先進国の人々に分け与えられている点にある。世界の人口は20世紀に入って4倍に、世界のGNPは20世紀後半だけで5倍に、エネルギー消費は8倍になっている。このあいだに、私たちは地球の財産である天然資源の使いかたを誤り、自然生態系を乱し、ゴミを撒き散らし地球を限界まで追い詰めている。

　このかつてない人口と経済活動の増大が生態系などの環境に深刻な影響を与えている。人間とほかのすべての生き物を支える地球生態系の能力は極端に低下している。世界の人々を養う食糧は限界に達している。熱帯雨林の多くも壊滅寸前である。大気中の二酸化炭素濃度はこの16万年で最高レベルに達している。このような傾向が続けば地球自体の存続も危ぶまれる。

　このような競争時代から一刻も早く脱却し、資源を取り尽くすことのない安定した社会、すなわち共生社会への転換が望まれている。

　誰でも自由に利用できる共有資源、例えば、水、大気、土壌や水産資源、草原などにおいて、人々が経済合理主義であり資源管理がうまくいかなければ、共有資源は過剰に摂取され持続可能性は失われてしまうことを、「コモンズの悲劇（The Tragedy of the Commons）」あるいは「共有地の悲劇」という。コモンズとは、元来、中世イングランドで村落民が自由に出入り（オープン・アクセス）することができた共有地のことを意味している。

　「コモンズの悲劇」は、生物学者ギャレット・ハーディンが1968年に「サイエンス」誌に発表したことで一般に広く認知されるようになった（Hardin, G., 1968）。

　「羊飼いと共有された牧草地」の思考実験を通して、「共有地の悲劇」を以下のように説明している。

羊飼いたちに共有されたある一定の広さの牧草地があるとする。羊飼いたちは各々自由に飼育する羊の数を決めることができる。しかし、牧草地の草の量は限られているため羊の飼育可能量（環境容量）は決まっている。共有地である牧草地に羊を飼育する複数の羊飼いがいる。ある羊飼いは、自分の利益の最大化を求め、他の羊飼いに先んじて羊の頭数を増やし利益を得る。すると、ほかの羊飼いたちも自分が飼育する羊を増やそうとする。その結果、羊の頭数は増加し、牧草地が供給できる草の量（環境容量）が羊の数に追いつかなくなり、牧草地は荒廃、必然的にすべての羊飼いは共倒れとなる。すなわち「共有地の悲劇」から導きだされる結論は、「限られた資源のもとでは、経済合理主義（個人の利己的な利益追求）に基づいた行動は、社会全体を悲劇的状況に向かわせる」ことを示唆している。

　この研究は、先に述べた生態系という共有地の中で繰り広げられる「競争排除の法則」を人間社会に発展させたものと考えることもでき、生きる力の強い人間同士が自由勝手に共有地である地球上で暮らそうとすれば、共倒れになる可能性が高いことを物語っている。共有地においては、必ずしも個人主義による自由競争は望ましくないことを示唆しているのである。

　私たちは、今、グローバリゼーションの波の中で生きていくことを余儀なくされている。毎日の何気ないライフスタイルが、知らないうちに遠い国の生き物に影響を与えていることも多く見受けられるようになった。これは、グローバル化に伴い共有資源の利用者が飛躍的に拡大した結果であり、とくに先進国の人々の物質的欲求と、それに応えようとする途上国の一部富裕層の経済合理主義に原因があると考える。

　ここでは、グローバル化に伴う先進国の共有資源の飛躍的利用が途上国の生活環境、社会環境、自然環境、そして地球環境にもたらした影響を、下記に示す4個の実話を参考に分析する。

　ここで、4大環境悲劇と名づけた実話とは、

①携帯電話とゴリラの涙：携帯電話の普及がアフリカ、コンゴ民主共和国に生息するゴリラの個体数を激減させているという悲劇。

②ハンバーガー・コネクション：ハンバーガー1個食べることで、熱帯雨林9平方メートルが破壊されているという悲劇。
③ビクトリア湖の悲劇：「ダーウィンの箱庭」とよばれるほどの「生物多様性の宝庫」であったアフリカ最大のビクトリア湖が、先進国の胃袋を満たすために死の湖となってしまった悲劇。
④イースター島の悲劇：氏族間の争い、過度の森林伐採で文明が途絶えてしまった孤島の悲劇。

最後に、4大環境悲劇から得られる教訓を参考に現代の地球の問題点を考察する。そして、今後、私たちが生きていく共生社会のあり方を模索する。

*2 経済合理主義が招く共有地の悲劇

今日において、コモンズとは「グローバル・コモンズ」、すなわち、地球全体を共有地とみなす概念へと発展している。人口と消費の急増による人類の活動は、コモンズの概念を中世イングランドの地域コミュニティから地球規模に拡大しているととらえなければならない状況となっている。

私たちは、「ヒトは自然を構成する一員にすぎない」という基本原理、そしてヒトと生態系ピラミッドから抜けだした人間の基本的関係を忘れてしまったようだ。人間は、自然を支配するかのように振舞っている。このような状況が続けば、生活環境、自然環境はもとより、地球自体の存続が困難になるであろうことは容易に想像できる。私たちには将来にわたり生き続ける望みがあるのだろうか。

経済合理主義が招く共有地の悲劇が、先進国、途上国の生活環境、社会環境、自然環境そして地球環境にもたらす影響をまとめると図3-1のようである。グローバル・コモンズは環境問題を複雑化し、解決を困難にするという現状がみえてくる。

図に示すように、先進国は大量生産・大量消費・大量廃棄の経済システムの中で、化石燃料や天然資源を大量に消費し、製品や食料を大量に生産し、そして、大量に廃棄をする暮らしを継続してきた。その結果、化石燃料や天然資源

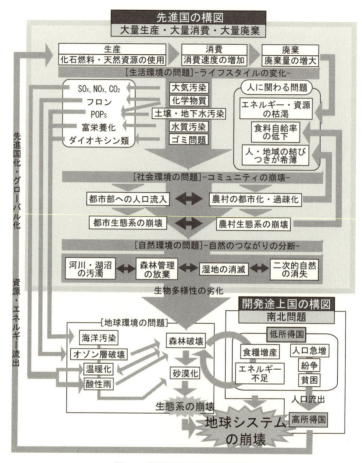

図3-1 複雑に絡み合う環境問題

の枯渇が懸念され、大気や水、土壌は汚染され、人工化学物質や大量のごみを排出し続けている。人々は経済活動の活発な都市部へ流入し都市生態系を改変させていくと同時に、農村は都市化、あるいは過疎化され、農村生態系も大きく崩壊している。その結果、都市-農村-奥山（原生自然）の自然をつなぐ森や川、海のエコロジカル・ネットワークも機能を失いはじめ、先進国の生物多様性は

急激に低下している。都市、農村のライフスタイルが大きく変化し、地域コミュニティが崩壊していく中で生じる共有地の悲劇が、先進国の環境問題を引き起こしている要因のひとつと考えられる。

他方、途上国においては、一部の高所得国は上述した先進国の経済システムへと移行しはじめている。しかし、多くの途上国はいまだ貧困から抜けだすことができない低所得国であり、人口急増、多発する紛争、食糧危機など多くの問題を抱えている。食糧を確保するため、近隣の草原へ過放牧を続けた結果、前述の「羊飼いと共有された牧草地」の思考実験の結果のように農民たちは共倒れ状態となり、草原は砂漠化していく。炭や薪などの燃料を確保するため、近隣の森林に入り伐採を続けていった結果、かつての森林生態系は荒廃し一部砂漠化しはじめている。森林生態系の崩壊は生物多様性を低下させ、先進国の環境問題と負の連鎖を引き起こし、最終的には地球システムの崩壊が起こると予想される。

当初、先進国、途上国は自国の資源を自国民が消費する形態、すなわち、国という単位の共有地を経済活動の主たる場としてきた。その結果、先進国、途上国双方において共有資源が枯渇していくという事態を招いた。その後、先進国は自国の生き残りをかけてグローバル化を推し進めたため、共有地の概念は自国から途上国へと拡大し、途上国の資源を搾取し自国の繁栄のために利用してきた。世界人口の約2割を占める少数の先進国の人々の大量生産・大量消費・大量廃棄のライフスタイルは、地球に存在する化石燃料や天然資源の約8割を独占的に使用する結果を招いている。このような共有資源の分配の不平等は、20世紀の南北問題を引き起こし、地球環境問題を深刻化させる大きな要因となっている。地球という全人類の共有地、すなわち、グローバル・コモンズを食いつぶす一部の人間の行為は、結局、全人類の共倒れを招いてしまう。

*3　4大環境悲劇から地球を考える

地球環境問題とは、途上国からの資源の搾取により発展する先進国、すなわち南北問題であるともいえる。以下に、グローバル化に伴う共有資源の飛躍的

第3章　大きくなりすぎた人間社会

利用が社会にもたらした影響について、4大環境悲劇と名づけた4つの実例を示し、分析する。

(1) 携帯電話とゴリラの涙

　世界中で爆発的に携帯電話が普及している。かつては広大なサバンナを遊牧していたケニアの遊牧民マサイ族も、一部は携帯電話を使用し家畜の売買を行っている。携帯電話には金や銀、そして、チタンやマンガンなどのレアメタル（希少金属）が多数使用されている。その中でも、タンタルというレアメタルはコンデンサーの極小化に必須の鉱物であり、軽量・小型化はタンタルなくしては達成できない。

　タンタルは、オーストラリア、カナダなど一部の国でしか採掘されていなかった。しかし、最近の鉱物探査の結果、世界のタンタル埋蔵量の6〜7割がアフリカ、コンゴ民主共和国に存在することが明らかとなった。コンゴ民主共和国は地球最後の楽園ともいわれ、ゴリラやオカピなど、多くの希少動物の生息地である。

　タンタルの発見は、コンゴ民主共和国の将来を大きく変化させる出来事となった。タンタルという利権を巡り、反政府軍やウガンダ、ルワンダなど近隣諸国からのゲリラがなだれ込んでいる。今や、政府の支配が及ばない地域となっている。1996年にはタンタルの採掘を巡る内戦が勃発している。たび重なる紛争の結果、森林生態系は破壊され続け、ゴリラやオカピたちは生息地を追われている。さらに、貧困層で構成され武器を所有するゲリラは、森の中でゴリラを見つけ次第射殺し自分たちの食糧（ブッシュミートとよぶ）としている。絶滅の危機が叫ばれているマウンテンゴリラは、1950年代に比べ生息数は半減し、現在では650頭程度しか生き残っていないと推測されている。

(2) ハンバーガー・コネクション

　日本人をはじめとするアジア諸国の人々が欧米型の食生活へ移行していく中で、ハンバーガーが世界的に安く大量に供給され続けてきたが、この理由のひとつに、米国の大手ハンバーガー業界が、安い牛肉を大量に得るために、中南米の熱帯雨林地帯を焼き払って作られた牧草地で飼育される大量の牛を原料に

してきた現状があった。国連食糧農業機関（FAO）や国際林業研究センター（CIFOR）（Kaimowitz, et al., 2009）などの調査によると、ブラジルにおける森林面積の減少の圧倒的部分は牧草地への改変が原因であり、アマゾンの土地が非常に安価であることが、牛の飼育を儲かるものにし、熱帯雨林の開発を加速させてきたことがわかる。

環境保護論者ノーマン・マイアーズ博士は、この過程を「ハンバーガー・コネクション」とよび、環境破壊の国際的なつながりを表現した（Myers, 1981）。試算によると、「ハンバーガー1個を食べると、約9平方メートルの熱帯雨林を消滅させたことと同じ行為となる」（Rainforest Action Network など）という。

ブラジルのアマゾンだけでなく、ホンジュラスなどでも急激な森林破壊と牧草地の拡大が進行している。牧草地の拡大は土地価格の高騰を招き、土地を所有できない大量の農民を生みだしている。彼らは熱帯雨林周辺の土地を開墾し農業を続けているが、この現状がさらに熱帯雨林の破壊を加速させている。

(3) ビクトリア湖の悲劇

アフリカ最大のビクトリア湖は、ケニア、ウガンダ、タンザニアの3か国に囲まれた世界第3位の広さをもつ湖沼である。かつては、約400種類の固有種が生息する生物多様性に富む湖であったことから「ダーウィンの箱庭」と表現する研究者もいた。しかし、英国植民地時代の1950年代から、ゲーム・フィッシングを楽しむ目的で、あるいは、湖の淡水魚の乱獲により漁獲量が激減したといった理由で、成長すると2メートルにも及ぶ巨大肉食外来種ナイルパーチが誰かの手で放流された。

当初、ナイルパーチの漁獲量は飛躍的に伸び、ゲーム・フィッシングとして客をよび、輸出品として外貨を獲得する将来有望な商品と期待された。しかし、多くの貧困層は高価なナイルパーチを口にすることはできず、貧困改善には役立つことはなかった。確かに、先進国やアフリカの一部の富裕層にとっては大きな経済効果をもたらしたが、多くの貧困層に対してはさまざまな問題が表面化していく。

ビクトリア湖に生息していた約400種の草食性の魚は、肉食のナイルパーチ

に捕食され200種程度にまで生物多様性を低下させていく。その結果、湖の生態系は壊滅的打撃を受け、自給自足的な生活を送っていた湖周辺の漁民の暮らしを極度に悪化させていった。ナイルパーチの大型商業漁業は、小船による従来の漁法から企業化による大型船舶を使用した漁法へと移行し、さらに輸出用の大型冷凍設備が必要とされたため、漁民は小船を捨て企業の下で働く労働者への移行を余儀なくされた。その結果、地域の伝統的漁法や水産物の加工技術は衰退し、食生活や労働形態、家族のあり方といったものまでをも大きく変えていくこととなった。そして職にありつけない漁民の妻は、家族を養うために売春を強いられ、エイズの拡大を招いている。

(4)イースター島の悲劇

歴史を振り返れば、すでに17世紀には共有地の悲劇は現実となっていることに気づく。

無限の宇宙の中にポツンと浮かぶ地球、その地球の中に、やはりポツンと浮かぶ島、日本から1万5千キロメートル先の南太平洋ポリネシアに、そんな孤島がある。正式名称はパスクア島、現地語では「大きく平坦な島」を意味するラパ・ヌイとよばれている。この周囲約60キロメートルのイースター島は、1995年にユネスコ世界遺産に指定され、およそ900体のモアイ像で世界的に有名である。

この島にモアイ像を作ったポリネシア系住民が住み着いたのは、5世紀ごろであると考えられている。8世紀ごろからモアイ像は盛んに作られるようになったが、そのモアイ像だけを残し、17世紀に忽然と文明が消滅したのである。現在でも、島の大部分は荒れた土地のままである。

一体この島に何が起こったのであろうか。この謎に科学が挑んだ。島の堆積物中の花粉を分析することにより、かつてはヤシの森林に覆われた緑深い島であったことが判明したのである。科学者や考古学者、そして島の古老の残していった話を参考に、イースター島の歴史を紐解いてみる。

5世紀ごろ、トンガやサモアからポリネシア人が移住し、サトウキビやイモ類、鶏などを主食とする食文化がはじまる。人口は急増し、文明の発達ととも

に階級が生まれ祭祀文化が加熱していく。その結果、権力を握った者は巨大化したモアイをこぞって建造するようになる。1600年ごろには、人口が島の環境容量である7,000人ほどに達し、食糧増産のために森林は破壊され農耕地へと開墾されていく。最盛期に人口は1万人に達し、急激な人口増加を支えるため、農業と漁業が隆盛期を迎えていた。権力闘争も激しくなり、モアイを運搬するため大量の丸太コロや暖房用の薪や家屋建設のために、より多くの木材が伐採された。この時期には、近隣の島への移住や遠洋での漁業をするだけのカヌーを製造する大木は消滅していたと考えられている。1722年、オランダ人のJ・ロッグベーンがイースター島を訪れたときには、人口は3,000人程度に減少、島は一面の草原であったと報告している。1774年、イギリス人のJ・クックが島の調査をしたときには、森林は消滅し、モアイは倒され、人口は600～700人程度にまで減少していた。

　1862年以降、ペルーからの奴隷商人が次々と島民を連れ去り、1877年には老人と子どもの100人ほどにまで激減している。その後間もなく、イースター島文明は滅びてしまう。

　イースター文明の消滅から得られる教訓は、島や地球という閉鎖系の空間においては、

①閉鎖系内の物質は常に循環させ、廃棄物を最小限化する。すなわち、自然から借りた共有資源（例えば、森林資源）は自然に返す（自然を再生する）ことが大切である。

②自然の有する環境容量の範囲内で、生産・消費活動を継続する。

ことが重要である、ということである。

　文明の消滅の原因は、急激な人口増加と、それを養うべく主食のバナナやタロイモを増産するためにヤシの森林を切り開き畑を開拓していったことがあげられる。切り開かれたヤシが再生する速度は遅く、島から木々が急激に減少していく結果を招いた。土地はやせ、畑からの収穫は激減していった。さらに、調理用の薪も手に入らなくなり、漁業をするための木船を作る材料にも事欠くようになった。そのような状況にもかかわらず、人々はモアイ像を作り続け、

像を運搬するためのコロを作るために、残されたわずかな森にまで手をつけていった。森は見る影もなく消えていった、と同時に、イースター島の文明も消え去っていったのである。

　人口の急増、資源の収奪、森林破壊、生物の絶滅……、私たちにこの島の歴史は何を物語っているのだろうか。

2 》》》 現代の地球の問題点

　地球は誕生以来46億年絶えず変化している。太陽から地球に向けて放射されるエネルギーは絶えず変化し、地球環境を支配する気候条件は、そのあいだ激しく変動を繰り返し、そして現在も変化し続けている。地球の軌道もまた絶えず変動し、地球は氷期・間氷期を10万年の周期で繰り返す。

　このようなダイナミックな変動は自然的要因に依存するものであり、私たち人間には手を出すことはできないものである。しかし、産業革命以降の地球は、人口増大、化石燃料の大量消費、食糧問題などの人為的要因により、森林は破壊され、土壌はコンクリートで固められ、地球表面は呼吸困難な状態に追い込まれている。自然界では考えられないほど多量の大気汚染物質が無秩序に大気中へ放出され地球の気候さえも変えてしまう。

　生き物たちは自然的変容に順応して生きてきた。しかし、現在の地球上で起きている多くの人為的変容には、その変化の大きさと速さに対処できず、多くの生き物たちが地球から姿を消そうとしている。

　現在、科学的に明らかにされた野生生物の種類は約175万種ともいわれているが、実際には300万〜3,000万種のあいだで存在すると推計する研究者が多い。このうち40％以上は地球の陸地面積のわずか7％程度を占めるにすぎない熱帯雨林地帯に生息していると考えられている。

　世界資源研究所（WRI）は1989（平成元）年、現在の状況が改善されず将来に至るとすれば、1990（平成2）〜2020（平成32）年のたった30年間で、全世界の生物種の5〜15％が絶滅すると予測している。現在、生き物の種数を仮に

1,000万種と見積もっても、1日あたりに換算すると40〜140種もの生き物がこの地球から姿を消していくことになる。そして、今までのところ、その予想は大方的中している。

野生生物の絶滅の原因はさまざまであるが、大別すると次のようになる。
・生態系の分断・破壊：森林伐採、道路建設、農場開発など、そしてそれに伴う砂漠化などで、絶滅のおそれのある種の80〜90％に大きな影響を与えていると考えられている。
・生態系の汚染：地球温暖化、オゾン層の破壊、酸性雨、海洋汚染など。
・乱獲：食用、装飾品用、ゲームサファリ、ペット用捕獲、実験動物など。
・外来種との接触：外来種による捕食、交雑による遺伝子汚染、感染症など。

以上のように、絶滅の原因はさまざまであり、それらが複合的に重なることで絶滅速度を加速していくわけである。直接的な要因は、森林破壊、移動式焼畑耕作、養殖池開発、農地への転用、過放牧、さらには工場、自動車から排出される大気・水質汚染物質などであるが、それらの背景には、開発途上国の貧困、紛争、人口増加や食糧不足、先進国の社会経済システムの問題、すなわち「南北問題」という人間側の問題が大きく関与している。

今までの私たちの生活は、途上国の自然の恵みを先進国が収奪することのうえに成立してきた大量生産・大量消費・大量廃棄の社会経済システムの中で営まれてきた。その結果、先進国は物質的な豊かさを手に入れると同時に、途上国は貧困にあえぎ、両者の経済的格差は年を追うごとに拡大しつつある。

1995年から1998年までの3年間の経済生産の伸びは、農業がはじまってから1960年までの1万年間の伸びを上回っている。世界でもっとも裕福な3人の資産の合計は、もっとも貧しい48か国の年間経済生産を合わせた金額を超えている。世界の水使用量は20世紀半ばから3倍になっており、あらゆる大陸で水の汲みあげすぎから地下水位が低下し続けている。21世紀には水を争奪するための戦争が勃発すると予想する人が多い。20世紀半ば以降、材木需要は2倍に、燃料材需要は3倍に、紙消費量は6倍に達している。森林が切り開かれていく結果、1日に40〜140種類もの動植物がこの「生命のゆりかご」地球から姿を

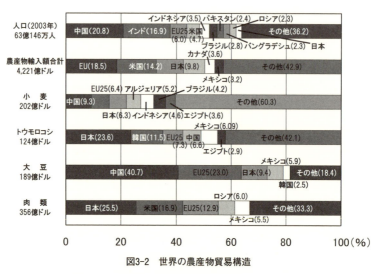

図3-2 世界の農産物貿易構造
（農林水産省資料「世界の農産物貿易構造の変化」2006より作成）

消している。世界の重要な漁場15か所のうち11か所が、そして主要魚種の70%が乱獲のため瀕死の状態に陥っている。

　図3-2に、2004年における世界の農産物貿易構造を示す。この図を一目見てわかることは、世界人口のたった2.0%を構成するにすぎない日本人が、世界の農産物輸入額合計の9.8%、とくに、トウモロコシ23.6%、肉類25.5%と、世界で流通する約4分の1を日本一国で輸入する現状がみえてくる。トウモロコシの大部分は日本人が口にするものではなく、家畜のエサとして消費されている。家畜を1キロ太らせるために牛8キロ、豚4キロ、鶏2キロの飼料（穀物）が必要となる。1キロの穀物を生産するのには1トンの水が必要となる。このことから、例えば牛肉を食べる1人の行為は、間接的に10人分の穀物と1,000人分の水を消費していることとなり、その多くは、輸入により他国の資源を消費していることになる。

　農林水産省総合食料局の推計では、日本で年間に人間の食用に向けられる食品資源約9,000万トンのうち、食品関連事業者、一般家庭から排出される食品

由来の廃棄物は年間1,900万トン（2005年度）と推計され、そのうち、可食部分である300〜500万トンは食品関連業者（食品製造業、卸売業、小売業、外食産業）から、200〜400万トンが一般家庭から、食べ残されたり店で売れ残ったりして、本来食べられるものが捨てられている。すなわち、毎年500〜900万トンの食品ロス（本来食べられるものの廃棄）が日本一国から出されている計算になる（農林水産省, 2008）。

一方、世界の飢餓人口は8億人、そのうち2万5,000人が毎日死んでいる。5歳未満の飢えている子どもたちは2億人で、その3分の1は学校にも行けずに、5秒に1人の速度で餓死している。世界全体の食糧援助量をみると、最高値に達した1993年度の1,700万トンに比べ、2001年度には、1,100万トン（穀物製品の世界取引量のわずか4％、穀物の世界生産量の0.5％に相当）まで減少している（国連食糧農業機関, 2002）。日本だけみても、年間最大900万トンの食品ロスを出しており、これは世界の食糧援助総量に匹敵する量である。

このように、地球においては富める者と貧しい者とのあいだで食糧、化石燃料、天然資源などの分配が平等に行われていないことが問題なのである。

それでは、この不平等な分配を改善し、人類の共倒れを回避する方法はないのだろうか。ハーディンは、「コモンズの悲劇」を回避する手段として、「自制」「科学技術」や「良心への訴え」といった方策はなく、利害関係者に共有地の所有権を与えて管理させることを通して可能となることを述べている。地球は全人類の共有地であるから好き勝手にみんなが利用すれば地球システムは崩壊してしまう。そこで、地球の利用にかかわる財産権を定めることにより、地球を適切に管理していこうとする手段である。この手段を講じることで、自らが所有、管理する土地で、その環境容量を超えるほど羊の数を増やす羊飼いはいなくなるであろう、という考えである。

米国の公共経済学者ケネス・ジョセフ・アローが『社会選択と個人の価値』（Arrow, K.J., 1963）にまとめた内容を参考にすると、資本主義的な民主主義国家においては、社会的選択には以下の3つの手法があげられる。

①政治的決定：政府などが適切な規制を加える「ヒエラルキー・ソリュー

ション」
　②経済的決定：市場原理を活用する「マーケット・ソリューション」
　③慣習的決定：比較的小さい社会単位に適用される伝統的規制や慣習による「コミュニティ・ソリューション」

　財産権を定めることにより地球を適切に管理する手法は、アローのいう政治的決定と経済的決定に相当すると考えられる。すなわち、環境負荷を発生させる行為を法的に規制してしまうか、あるいは、環境負荷を発生させる行為を規制するものではないが、環境税のように共有資源の利用による共有地の汚染、破壊者からその使用量を徴収するという考え方（汚染者負担の原則）である。これは、イースター島の悲劇から得られる教訓の①に対応する解決法である。すなわち、「閉鎖系内の物質は常に循環させ、廃棄物を最小限化する。すなわち、自然から借りた共有資源（例えば、森林資源）は自然に返す（自然を再生する）こと」である。

　他方、里山の入会地のように、共有地や共有資源が地域コミュニティの構成員に限って利用できる場合、すなわち、ローカル・コモンズにおいては、慣習的決定が行われてきた。共同体が規制や調整の手段を有し、資源保全の伝統的な仕組みが存在している場合の解決法である。入会地では、例えば森林資源の過剰な伐採を予防するために、伐採期間や道具、運搬手段などを決めていた。また、狩猟においては、対象となる動物種や年齢、性別、猟期や道具の制限などの規制があり、天然資源や生き物の持続可能な適正管理を行っていた。慣習的決定は、環境問題の解決を地域住民のローカル・コモンズ管理の手法に見習うという発想をもたらした。これは、イースター島の悲劇から得られる教訓の②、すなわち「自然の有する環境容量の範囲内で、生産・消費活動を継続する」に対応する解決法である。

3 》》》 望ましい社会のあり方とは

　グローバル化に伴う先進国の共有資源の飛躍的利用が、途上国の生活環境、

社会環境、自然環境、そして地球環境にもたらした影響について、4大環境悲劇から得られる教訓を参考に、将来の地球の進むべき道を模索してきた。その結果、
　①限られた資源のもとでは、経済合理主義に基づいた行動は、社会全体を悲劇的な状況に向かわせること
　②共有資源の分配の不平等が地球環境問題を複雑かつ深刻化させていること
　③政治的決定や経済的決定の考えかたを取り入れたうえで、人と人、人と自然との相互利益に配慮して地球を利用する制度を整備し、収奪的利用を抑制する仕組みを慣習的決定を参考に構築すること
が重要であることが理解される。

　限られた資源を枯渇させない範囲で使用するためには、無駄をなくすということだけでよいのだろうか。ハーディンは良心への訴えでは共有地の悲劇を防ぐことはできないと結論づけている。私たち一人あたりが消費してよい資源の具体的な数値目標を提示できれば、効果的な日々の暮らしを見つめ直す取り組みが実施できる。この目的で「エコロジカル・フットプリント」という指標が提案されている。

　「エコロジカル・フットプリント」は、各国間の自然資源の消費を、地球の生物学的な資源の再生能力に照らし合わせ比較したものであり、人間活動が「踏みつけた面積」を表している。一人の人間が自らの活動を行うために、直接あるいは間接的に消費している土地面積として指標化される。具体的には、エネルギーや食糧、木材などを得るために依存している生態系の面積などを一人あたりに換算した数値で表される。エコロジカル・フットプリントを検討していけば、例えば日本経済が必要とする生態系の面積はどれくらいなのかを推定することができる。

　さらには、私たちは目で見える部分以外に、表にはでてこない部分で発生している生態系へのさまざまな影響を明らかにして、その現実を直視する必要がある。この目に見えない部分を明らかにするために、「エコロジカル・リュックサック」という指標が提案されている。これは、製品が背負った重荷という

意味で、具体的には化石・鉱物資源の採取・精製の際に廃棄される総物質量のことである。石油1トンのリュックサックは0.1トン、石炭は6トン、セメントは10トン、鉄は14トンという試算がある。これは、鉄を例にとると、鉄1トンを消費することは、同時に見えない部分で14トンのさまざまな物質を消費していることになる、ということである。

世界自然保護基金（WWF）のエコロジカル・フットプリントの試算により、人間活動は1970年代に地球が再生可能な許容量を超え、現在も人間活動が地球の財産を食いつぶし続けていることが明らかとなった。その結果、地球のあちらこちらでさまざまな環境問題が起きている。

2000（平成12）年のエコロジカル・フットプリントを地球全体でみれば、実際に地球が供給可能な面積は一人あたり2.18ヘクタールであるのに対し、人間活動が踏みつけた面積は2.85ヘクタールであることがわかる。すなわち、地球の全人類を賄うエネルギー、食糧や木材などを得るために必要な生態系は、現在の1.3倍を要するとしている。このように、地球の家計は赤字状態にあるのだ。もし、全人類が日本人並みの生活を営むこととなれば、2.7個分の地球が必要となり、地球は崩壊することになる。地球全体でみると赤字なのに、先進国の人間はモノを食べ、モノを消費し生き続けている。ということは、一方で途上国には、モノも口にすることすらできずに飢えて死んでいく多くの人たちがいるということを意味している。

従来は、地球環境が地域の自然環境を創出し、自然のもつもとの状態への復帰可能な潜在能力の範囲内で人々の暮らしが営まれていた。しかし、現代は人々の暮らしがあまりにも大きなストレスを自然環境に与え、自然環境のもつ復帰可能な潜在能力の範囲を超え変化させ続けている。その結果、地球環境が再生困難な状況を招いている。

【参 考 文 献】

茅陽一監修（1997）「'97 環境年表」オーム社
国連食糧農業機関（2002）「OECD：Organization for Economic Cooperation and Devel-

opment」

佐藤正知他（1998）「エネルギーと環境」三共出版

日外アソシエーツ株式会社（1992）「環境問題情報事典」紀伊国屋書店

日本学術会議環境学委員会（2007）「生物多様性国家戦略改定に向けた学術分野からの提案」

日本環境会議（1997）「アジア環境白書」編集委員会編『アジア環境白書1997/98』東洋経済新報社

農林水産省（1988）「農業白書」

農林水産省資料（2006）「世界の農産物貿易構造の変化」

農林水産省（2008）「食品ロスの現状について」

L.R. ブラウン（1999）「地球白書1999-2000」ダイヤモンド社

Arrow, K.J.,（1963）*Social Choice and Individual Values Second Edition*, New York, London, Sydney: John Wiley & Sons, Inc.

Hardin, G.,（1968）"The Tragedy of the Commons," *Science*, New Series, Vol.162, No.3859.

Kaimowitz, D., B. Mertens, S. Wunder, and P. Pacheco,（2004）*Hamburger Connection Fuels Amazon Destruction*: Center for International Forestry Research.

Myers, N.,（1981）"The Hamburger Connection: How Central America's Forests Became North America's Hamburgers," *Ambio*, 10.3-8.

"Destruction," Center for International Forestry Research（http://www.cifor.cgiar.org/publications/pdf_files/media/Amazon.pdf, 2012年6月アクセス）.

自然のメカニズムから学ぶ共生

　前章では、競争社会で崩壊していった人間社会の一面を見てきた。一方、自然界では競争関係も残されているが、多くの生物がギブアンドテイクの関係を結び相利共生の関係を築いてもいる。この関係性により、生物多様性は支えられている。一方、相利共生の関係性は、ある生物がその生態系からいなくなると、それとギブアンドテイクの関係にある複数の生物が消えていき、さらに、それらとギブアンドテイクの関係にある多くの生き物が姿を消していくという、絶滅の連鎖（絶滅カスケード）を引き起こす。すなわち、すべての生き物が揃っていないと機能しないムダのない、必要とされないものがいない社会が形成されているのである。
　この章では、自然のメカニズム「共生」関係について説明した後に、この関係性から学ぶことができる現代の共生社会のあり方について、経済・経営学分野、および、社会科学分野への展開について考えてみる。

1 》》 共生とは

　「共生」という言葉を再度考えてみる。「共生」とは、元来、複数種の生物が相互関係をもちながら同所的に生活する現象を意味する生物学的用語であるが、日本では1922年に椎尾弁匡が仏教運動として共生運動を始め、共生が単なる生物学的な意味だけでなく、哲学的な意味を含む言葉に使われることが多くなっている。
　生物学の中では、共生は種間関係の中でも特殊な状況であるととらえられてきた。影響しあう2種の生物の種間関係を、「捕食-被食関係」「競争関係」「共生関係」そして「寄生関係」の4つのパターンに分類し、「捕食-被食関係」「競争関係」が一般的なものであると考えられてきた。しかし、理解が進むにつれ共生は生態系を形成する基本的かつ普遍的な種間関係の一つであることが認識

されてきた。さらに、共生と寄生は別の現象ではなく、むしろ連続し移行する現象であることがわかってきた。すなわち、関係し合う生物相互のバランスによって、関係することにより双方が利益を得る「相利共生」の状態から、片方が一方的に利益を得て他方が被害をこうむる状態である「寄生」までは連続した現象であり、互いにはっきりとは分離できないことがわかってきた。そのため、「共生」は、相利共生から寄生までの関係をすべて含む概念としてとらえる必要がある。

以上のことから理解されるのは、「共生」には二つの意味合いが含まれている、ということである。一つは、異種の生物が「同所に共に棲む」という関係であり、もう一つは、共に棲むことにより生じる「得る、失う」という質に係る関係性である。ということは、自然界における共生原理の下での「共生」関係とは、決して固定的、対立的なものではなく、むしろ環境や状況に応じてダイナミックに変動するものであり、状況に応じ「相利的」になったり「寄生的」になったりするものなのである。

「多文化共生」「男女共生」「環境共生」あるいは「地域共生」など、文化、社会、環境、福祉など多くの分野で「共生」という用語が使われている。これは「共生」という言葉が持つ私たちのイメージである。一方、自然界の現象を人間社会に直接適用させることには無理があるが、自然から学ぶべきことは、「共生」と「寄生」、「共存」と「対立」、「相互扶助」と「搾取」あるいは「支配」と「従属」といった一見対立的な概念は、実は一本の線でつながっており、状況に応じてダイナミックに一本のレールの上を移動するということである。調和的、平和的、利他的に見える「共生」関係も、実はダイナミックな緊張関係のうえに構築されていることを忘れてはいけない。

2 自然界の相利共生事例

＊1 種間関係における相利共生の関係

魚類であるクマノミと、刺胞動物であるイソギンチャクの共生関係は有名で

ある。イソギンチャクの触手には、異物に触れると毒針を発射する「刺胞」という細胞が無数にあり、これで魚などを麻痺させて捕食している。ところがクマノミの体表には特殊な粘液が分泌され、イソギンチャクの刺胞は反応しない。このためクマノミは大型イソギンチャクの周囲を棲みかにして外敵から身を守ることができる。一方、イソギンチャクの触手の間のゴミをクマノミが食べる、またクマノミの食べ残しをイソギンチャクが得る、イソギンチャクの天敵チョウチョウウオをクマノミが追い払う、イソギンチャクの触手の中に藻類が共生しており、クマノミが近くにいることによって触手が伸び、藻類の光合成が盛んになるという3種間による共生が見られることがある。

マメ科の植物の根に生じるコブ（根粒）は、根粒菌と呼ばれる細菌との共生体である。根粒菌は植物が利用不可能な大気中の窒素を固定して植物に供給し、植物は根粒菌に栄養として炭水化物を与えているという関係が成り立っている。

*2　種内関係における相利共生の関係

上述したような種間関係にある個体間に生じる共生より密接な関係として、サンゴや地衣類などのように構造上一体化して単一の生物としか見えない共生や、さらに進んで細胞内に共生者を受け入れている関係もある。アブラムシと、その細胞内で生息するブフネラ（共生細菌）は強い相利共生の関係にある。アブラムシはブフネラなしでは生命を維持することができない。一方、ブフネラは自らの生命を維持するための遺伝子の多くを失っており、アブラムシの細胞内でしか分裂・増殖することができない。

細胞内に共生者を受け入れる関係性は特別なものではなく、たとえば、ヒトを含む真核生物の細胞の基本構造は共生に起源をもつと考えられている。これが真核細胞の起源に関する細胞内共生説である。生物学者のリン・マーギュリスは、真核生物の細胞内にあるミトコンドリアや葉緑体は、細胞内共生細菌が起源であるという説を提唱した。1970年代以降この説の基本的な考え方は広く受け入れられるようになり、現在では、細胞内共生は当初マーギュリスが想定したよりはるかに一般的な現象であることが明らかになった。

＊3　軍拡競争による共進化

　自然界には「共進化」とよばれる現象が起こる。これは、「食う-食われるの関係」にある捕食者と被食者の間によく見られる関係である。被食者は捕食者に捕まらないよう対抗し逃れるような性質を進化させていく。一方、捕食者は、被食者の進化の先を行くような性質をさらに進化させていく。このように、異種の生物同士がお互い影響を与えながら進化していく過程を「共進化」という。

　潜水艦と哨戒機の関係のように、潜水艦が姿をくらます技術を進化させれば、それを探す哨戒機は探知性能を進化させ成長していく。その結果、潜水艦はさらに技術を深化させ、哨戒機もさらなる進化を遂げていく、という無限の「軍拡競争」に突入していく。これが「軍拡競争」による共進化である。

　軍拡競争は対称的な場合と非対称的な場合に分けられる。対称的選択圧の働く例は、より多くの光を獲得し光合成を有利に進め成長していこうとする樹木に見られる。競争の結果としてより高くなろうとする同じ方向の選択圧を与える。一方、感染力を高める病原菌やウイルスと、感染耐性を高める感染者の間には非対称的選択圧が働く。このような現象は、共進化における「軍拡競争」の例である。

3 ⟫⟫ なぜ、共生社会が必要なのか

　自然界のメカニズムをダイレクトに人間社会に適応させることはできない。例えば、人間には他の生き物には見られない複雑な感情がある。思いやりや裏切りなど、人間にしかわからないような感情も存在する。したがって、自然界の「共生」関係を人間社会に直接取り込むことには無理があるが、それでも、自然のメカニズムは私たちの暮らしに多くの示唆を与えてくれる。

　私たち日本人は、豊かさを求めてきた中で忘れてしまった価値観はないのだろうか。幸福度の低さは、豊かさを「得ること」だけでは満たされず、自ら社会や周囲の人に「与える」ないしは「分かち合う」ことを求める時代からの遅れである。もともと日本人には「結、もやい」といった相互扶助の精神が綿々

と受け継がれてきた。この関係性は3.11東北大震災を経て再燃し、現在では、私たちはすべての人が必要とされる社会に暮らすことを希望しているのではないだろうか。すなわち、人にも自然にも物にも、必要とされないものなどない共生社会づくりが大切であることに気づいたのではないだろうか。

競争社会が激化する人間社会においては、社会は競争の側面でしか図ることのできない価値ばかりを追い求め、他者との共生、自然との共生というこの世で生きていく上での配慮や思いやりが失われてしまうという危機感から、次章で述べる「私たちの進むべき道 〜3つのバランス〜」の共生社会が必要とされているのであると考える。

ここでいう「共生社会」とは、社会を形成する各個人が、自立し尊厳をもち、自分の属する社会への参加や貢献をしたいという意識をもとに成り立つ社会のことである。共生社会は、自分の考えとは異なるという点で他者を排除することを慎む社会ともいえる。社会全体の中で多様な人々を理解し、支え合い、他者と関わる活動を通して社会を変えていこうとする意識がすべての人に共有される社会である。企業活動においても「共生社会」を意識した経営が求められ、企業の「短期利益を犠牲にして社会・環境の期待に応える」という「社会的責任」が重要であるといわれている。

現代社会には、社会的弱者、ジェンダー、虐待など深刻な社会問題が山積している。これらの問題は、強者と弱者といった競争の社会に存在する関係性の下に発生する事象である。もし、自身の利点が他者の欠点を補い、その一方で自身の欠点を他者の利点が補ってくれる相利共生の関係が構築されれば、これは、双方が必要とされる関係性が成立するのである。

現代の社会問題は、個別に対応されるべき内容ではなく、人と人との新たなつながりを模索するうえで総合的に解決を図るものである。すなわち、社会全体の中で多様な人々を理解し、支え合い、他者と関わる活動を通して社会を変えていこうとする意識がすべての人に共有される社会の中でしか解決されないのである。現代社会の抱える多くの問題は、自然界のメカニズムとして存在する「相利共生」の関係性を配慮しながら解決していくことが一つの方法である

と考える。

「ものの豊かさ」より「こころの豊かさ」を充足させる社会とは、自発的な他者とのかかわりを促進させる社会であり、自由な個々人の自発的な行動により、「人」を媒介とするネットワークという形が見える社会である。多様化、グローバル化とは、ギブアンドテイクの関係性を築く人間のネットワークが広がった世界ととらえる必要がある。例えば、障害者や高齢者の社会参加を考えてみる。バリアフリーのための施設整備、職業訓練にかかる経費、生産性などを考えると、企業の経済効率性の観点からはマイナスのイメージとなる場合がある。厳しい企業間競争を勝ち抜く競争力を減少させる可能性があるからだ。一方で、多様な人材の社会参加により多様なネットワークが広がることで、企業の活躍する分野が広がる。また女性に関しても、女性の少ない分野に登用し、彼女たちの感性を最大限に引き出すことにより、既存の社会にはなかったが本当に必要な社会貢献ビジネスが生み出されていくという、社会の活力を最大限に引き出す仕事づくりにつながっていくであろう。

ここで忘れてはならないのは、支え合いの社会といった共生社会の柔和なイメージのみにとらわれないことが大切である。自然界も競争の社会を経て共生社会を迎えつつあるように、人間社会も競争社会を経験してこそ次のステップを迎えるという点、さらに、自然界における共生原理の下での「共生」関係を思い出せば、決して固定的、対立的なものではなく、むしろ環境や状況に応じてダイナミックに変動するものであり、状況に応じ「相利的」になったり「寄生的」になったりするものである点を忘れてはならない。「共生」と「寄生」、「共存」と「対立」、「相互扶助」と「搾取」あるいは「支配」と「従属」といった一見対立的な概念は、実は一本の線でつながっており、状況に応じてダイナミックに一本のレールの上を移動するということである。また、倫理観をもった競争は、その中に共生という概念を内包しているものでもある。

他者とつながることは、他者を自分のために利用しようとする行為ではなく、自分も他者に活用されていく、あるいは、活用されたいと思う行為である。すなわち、個々人は自尊心をはっきりともち、自立した人間として自分とは異な

る考え方や生活様式をもつ他者と接触し、葛藤をしながらも双方理解され、最終的には双方がいなければ成立しない社会を構築していくことこそ、共生社会なのであろう。

4 >>> 社会科学分野への展開

2010年10月、愛知県名古屋市で開催された生物多様性条約第10回締約国会議（COP10）において、世界中から、政府、NGO、NPO 学術研究機関、国際研究機関、国際機関等多岐にわたる団体が集まり「SATOYAMA イニシアティブ国際パートナーシップ（IPSI）」を創設した。自然のプロセスに沿った社会経済活動（農林水産業を含む）の維持発展を通じ「自然共生社会」を実現させようとするもので、生物多様性を保全していくためには、手つかずの原生自然保護のみならず、里山に代表されるような人間の暮らしと共生してきた二次的自然の維持・再生が重要であるとの考えを基盤とし、「社会生態学的生産ランドスケープ」とよぶ地域における、人と自然との共生関係を社会的および科学的視点から見つめ直すことを目標としている。

IPSI SATOYAMA INITIATIVE「コンセプト」では、持続可能な形で土地および自然資源の利用と管理が行われるランドスケープの維持・再構築を進めるにあたり、以下の３つの行動指針を提案している。
・多様な生態系のサービスと価値の確保のための知恵の結集
・革新を促進するための伝統的知識と近代科学の融合
・伝統的な地域の土地所有・管理形態を尊重したうえでの、新たな共同管理のあり方の探求

この実現には、生態学、社会学、経済学の視点が重要である。
すなわち、
『生態学的視点からの取組み』
・人と自然の共生メカニズムの解明
・環境容量・自然復元力の範囲内での自然の活用

『社会学的視点からの取組み』
　・地域の伝統・文化の維持と共生
　・多様な主体の参加、協働による生態系の管理
『経済学的視点からの取組み』
　・自然資源の循環利用による経済的活用
　・貧困削減、食料安全保障、生計維持、地域コミュニティのエンパワーメントを含む持続可能な社会・経済への貢献

「社会生態学的生産ランドスケープ」の構築は、第1、2章で述べてきた「生物多様性」「相利共生」「絶滅のメカニズム」や「生息地の保全」、あるいは、第3章で述べてきた「共有地の悲劇」、さらには、次章で述べる「3つのバランス」を統合・融合して対応するべき大きな課題である。

5　経済・経営学分野への展開

「競争しない競争戦略」（山田，2015）では、企業は競争しない状態を作ることによって利益率を高められると考える。すなわち、「分けること（すみわけ）」と「共生すること」が競争戦略として重要であり、具体的には、ニッチ戦略、不協和戦略、協調戦略の3つをあげている。

さて、ここで自然界のメカニズムを復習しておこう。第1章で学んだように、生物間には「種内関係」と「種間関係」が働く。

そしてその「種内関係」には、「なわばり制」「順位制」そして「リーダー制」といった現象がみられる。

「なわばり制」とは、特定の個体が、他の個体の侵入を防御・排除する現象をいい、その行動範囲の空間を「なわばり」あるいは「テリトリー」という。「順位制」とは、動物の群をつくる個体間に優劣の順位ができることにより、個体群の秩序が保たれる現象である。また、「リーダー制」とは、順位制社会に、さらにリーダーやサブ・リーダーなどが現れ群を統率する現象のことを指す。

「種間関係」には、「食う-食われるの関係」「生態的地位（ニッチ）」「競争排

除の法則」そして「共生関係」といった関係がみられる。

「食う-食われるの関係」とは、生き物はすべて食う-食われるの関係でつながり、それは1本の鎖ではなく複雑な網目状の関係になることをいう。

「生態的地位（ニッチ）」とは、個々の生物種は、それぞれが周囲の環境を通して好適な生息環境を見いだしている。これを「ハビタット」とよび、同一ハビタットの中での競争の結果、生息・生育可能な落ち着き場所を探している。これを「生態的地位（ニッチ）」という。

「競争排除の法則」とは、共通の資源に依存して生活する2種の生き物は、同一の資源をめぐる競争のもとでは共存しにくいことをいう。生きる力の強いものがすべてのエサ資源を獲得し、弱い生き物は絶滅するか、さもなければエサの取り合いの末にエサ資源が枯渇し、共倒れとなる法則である。

ただし、エサなどの共通資源が分化していくとき、例えば、エサや生活時間などがずれていき競合しなくなってくると、同一ニッチをすみわけ共存する「ニッチ分化」とよばれる現象が起こる場合がある。

自然界では、機能が異なる生き物であるにもかかわらず、生物同士が影響を及ぼし合う作用が働くと、強いものと弱いものがともに生き残ることができるようになる。お互い偶然に自分に欠けているものが他方で補えることを知ったとき、ギブアンドテイクの関係が結ばれていく。さらには、互いに生きていくうえでぶつかり合うことのない、あるいは、ぶつかることの少ない妥協点が見いだされることにより共生関係へと発展していく。

これら自然界のメカニズムを経済・経営学分野へあてはめるとすれば、

1. すみわけの戦略：ニッチ戦略
2. すみわけの戦略：不協和戦略
3. 共生の戦略：協調戦略

ということになる（山田，2015）。

＊1　すみわけの戦略：ニッチ戦略

強い企業とは異なる市場で戦うことにより強い企業に参入させない、あるい

は、参入しようという気持ちをもたせない戦略である。儲けとならない、準備に手間暇がかかる、などの理由から他者が入り込みたくないニッチで経営する戦略であり、「競合他社との直接競合を避け、すみわけした特定市場に資源を集中する戦略」である。

同じようなニッチを占める企業であっても、扱う品目や時間帯が異なってくると「ニッチ分化」を生じ、同一ニッチをすみわけ共存する場合もでてくる。

＊2　すみわけの戦略：不協和戦略

同質化されない戦略「資源をもっていないこと」を強みとして、競争力のある企業と戦わない戦略である。真似をしたくともできない、したくないと思わせる戦略である。「企業が強みとしていた競争の源泉を複数探していき、それを1つずつ負債化していく」「顧客を教育して賢くし情報の非対称性を下げ、同時にバリューチェーン（企業の価値を作る一連の活動）を解体していく」戦略があるという。不協和戦略は、競争力のある企業と同じ市場でシェアの一部を奪っている。

＊3　共生の戦略：協調戦略

経営資源が劣る企業は、強い企業と共生関係を結ぶことで攻撃されない状況を作り出すという戦略である。一方、強い企業も劣る企業と手を組む方が得をする場合に、両者の間に相利共生の関係が生まれる。イソギンチャクとクマノミのあいだに見られる関係である。相利共生の関係性が構築されると、双方が必要とされる関係性が作られ、つぶし合ったり、敵対的買収などが行われにくくなる。すなわち、双方の企業の「もっている有意性」と「もっていない劣位性」がギブアンドテイクで補完し合う関係性のことである。

「競合企業と競争するバリューチェーンを持ちながらも、自社のコアコンピタンスとなっている機能に関して競合企業から積極的に受託し、そこで利益を上げていく戦略（コンピタンス・プロバイダー）」「競合企業の一部機能を代替し、そこで寡占を作ろうとする戦略（レイヤー・マスター）」「相手企業のバリューチ

ェーンの中に新たな機能で入り込み、相手企業と協調しながら市場を形成していくプラットフォームを作る戦略(マーケット・メーカー)」「競合品も自社の製品ラインに入れることによって顧客意識を高め、競合の参入障壁を高める戦略(バンドラー)」があるという。

　すみわけと共生という戦略は、生物学的な知見に基づいている。同じ種で競争すれば一番しか生き残ることはできない。多くの生物は、すみわけ、共生して生き残ってきた長い歴史を有する。企業の戦略も、相手に勝つことではなく、生き残る道を探すという発想が求められているのであろう。

【参 考 文 献】

IPSI SATOYAMA INITIATIVE「コンセプト」(http://satoyama-initiative.org/ja/about/,
　2015年11月アクセス)
共生社会政策統括官「共に生きる新たな結び合い」の提唱
　(http://www8.cao.go.jp/souki/live/syosai-html/syosai-0-4.html, 2015年11月アクセス)
山田英夫 (2015)「競争しない競争戦略　―消耗戦から脱する３つの選択」日本経済新聞
　出版社
内橋克人著 (2003)「節度の経済学の時代」朝日新聞社

5 私たちの進むべき道
～3つのバランス～

　多くの人間が慢性的な飢餓状態・栄養不足にある現在の地球は、70億人の命を支えていくだけの食糧を供給できない状態なのであろうか。今、世界では8億5,000万人が飢え、10億人が肥満に苦しんでいる。結論からいえば、現在の地球は、10食分の弁当を10人が分け合って食べていないことに大きな原因がある。すなわち、分配の不平等である。現在の地球は、将来的には不安があるものの、現時点では10人に対し9～10食分の弁当を供給できる状況にある。しかし、問題は、先進国で暮らす2人が8食分の弁当を食べ、残し、捨てている一方、途上国で暮らす8人は1～2食分の弁当を分け合って食べている分配の不平等にある。分配の不平等は食糧だけにとどまらず、エネルギーや天然資源においても同様である。

1 》》》　3つのバランス

　穀物生産量は、1950年から2000年までに約3倍に増加している。しかし、飢餓問題は解決されない。途上国での穀物生産量は減少しているのだろうか。途上国の多くは、余剰食糧を生産している国であるにもかかわらず、国民は飢えている。その理由のひとつに食肉消費の増加がある。家畜を飼育するためには、エサとなる大量の穀物を必要とする。すなわち、穀物の間接消費である。余剰食糧の多くが家畜のエサとして消費されているのである。人間の食糧となる穀物が家畜に与えられ、食肉文化が維持されている。牛肉、豚肉、鶏肉1キログラムを増やすために、エサとして約8キログラム、4キログラム、2キログラムの穀物（トウモロコシや大豆など）が必要となる。アメリカ人の穀物消費量は年平均800キログラムであるが、その5分の4以上が間接消費である。間接消費の穀物を人間の食糧に転用すれば、多くの人が飢餓から救われるのではないだろうか。しかし、世界の食肉生産は2000年の2億2,900万トンから2050年には

4億6,500万トンに倍増する一方、乳生産量も5億8,000万トンから10億430万トンへ増加すると予測されている（国連食糧農業機関, 2006）。

近代化された農業は、化学肥料の大量投入により農耕地を荒廃させ、4割に及ぶ農地が土壌劣化している。将来的に穀物生産量の増加は困難であると予測される。さらに、気候変動による全世界的な収穫不足、穀物のバイオ燃料への転用など、食糧を取り巻く環境は悪化の傾向を示している。

総人口40億人の新興国（東南アジアやラテンアメリカさらに東ヨーロッパの国々）の消費者が先進国入りを目指している現在、12億人ほどの先進国人口が52億人に膨れあがる時代が近いうちにくるかもしれない。今まで12億人が大部分を消費してきた資源やエネルギーを52億人で分配する時代、あるいは奪い合う時代がやってくるであろう。この地球を持続可能な社会に変え、次世代に受け渡す環境を整えることの大変さが実感できる。

言いかえれば、下記3点のバランスがとれた持続可能な社会を再構築することが、今後、私たちが生きていく社会のあり方であると考える。

①現在世代内でのバランス：（南北問題の解決：貧困、資源・財・環境の不平等の解決）
②将来世代間のバランス：（将来世代の活用する資源・環境などの収奪回避）
③人と生態系とのバランス：（自然界の環境容量・浄化機能能力の保持）

以上3つは、人間の側面から描く理想的社会のバランスであるが、第1、2章でみてきた生き物の側面、言いかえれば生物多様性を維持するためのバランスの視点でとらえれば、「共生理念に基づく社会」「自然の恵みを賢く使う社会」そして「自然の恵みを豊かにする社会」と言いかえることができる。

・共生理念に基づく社会：生き物は強くなくとも生きていける、競争原理を超えた共生原理に基づく社会
・自然の恵みを賢く使う社会：元金（現存する自然環境）には手をつけず、利子（自然の恵み）を効率的に運用する社会
・自然の恵みを豊かにする社会：生物多様性を維持する社会

ということができる。

自然界のシステムを、そのまま人間の世界に取り込むことはできないが、私

たちが持続可能な社会を形成するうえで大きなヒントを与えてくれる。以下に、その概要を説明し、持続可能な共生社会を形成するための具体的取り組みについて考察を行う。

2 »» 共生理念に基づく社会

　相利共生という生物進化の流れに乗らなかった生き物がいる。私たち人間である。自然とはもともと自ら生まれるとの意味であり、自らの力で生まれ育ち、共生社会という安定した状態に遷移していった。しかし人間は、この自然を操作し、制御し、支配しようとしている。

　人間は一方で、生態系を構成する一員としてのヒトでもある。ヒトは自らの力で生まれ育ち、周囲に影響を及ぼし合いながら死んでいくという点で自然である。ヒトは人間により制御される存在であるが、太陽、土、水といった環境に依存し、生き物とのあいだの相互作用により生かされている点で共生社会の一員である。ヒトは自然界の「連鎖・循環・流れ」のメカニズムに組み込まれ、作用、反作用、相互作用の3つの作用が働く系内で生かされてきた。しかし、ヒトは高度な知恵で獲物を狩ることで、まずは自然界の食物連鎖から脱却し、続いて農耕や牧畜により食料として生き物を自由に増やす術を獲得し、さらには高度な知識により地中深く埋没している化石資源を採掘し燃焼することで、自然界の物質循環、エネルギーの流れを改変してきた。

　ヒトが単なるヒトでなくなり人間がヒトを制御しはじめたとき、自然界のメカニズムを忘れ、生き物は強くなくとも生きていける、競争原理を超えた共生原理への進化の道は遠のいてしまったのである。

＊1　生物多様性を保全する

　生物多様性を保全する場合、はじめに生物多様性の現状を認識し、つぎに保全の必要があるときには具体的保全の方策を提案することが必要となる。そのため、第1、2章では生物多様性が形成されてきた仕組み、現在維持されてい

る仕組み、遺伝子や個体数、あるいは種数、生態系の減少と劣化にかかわる要因などについて述べてきた。

　自然界にみられる共生は、利己的なギブアンドテイクの関係で生き物が結ばれているため、相利共生の関係が維持され安定した社会が形成されている。一方、人間界においては、利己的な側面と同時に相手を思いやる気持ち、妬む気持ち、文化や宗教の相違などの要素が重なり合い相互の関係を築いているため、より複雑な関係の中で生きている。さまざまな生きかた、思想をもつ人間であるからこそ、自然界の共生関係を支える生物多様性の重要性や共生社会の必要性などについての解釈に差異が生まれる。

　生物多様性の保全の必要性についての価値観は、人間中心の立場と人間を含めた生き物としての立場いずれかに立つことで、大別すると2つの考えかたがある。

　人間中心の立場で考えれば、人間が快適で豊かな生活を送るために生物多様性が必要となるので、それを保全する必要があるとするものである。

　例えば、

① バイオテクノロジーや薬品製造など経済的に価値のある未知の遺伝子資源としての野生生物を次世代に受け渡さなければならない
② 自然から提供される健全な水や空気などの供給を受ける必要がある
③ 自然を構成する多様な生き物が人々に審美的、教育的価値を与えてくれる
④ 長い年月をかけて形成されてきた自然を破壊し続けてきた人間の功罪を人間自身に再認識させる

といった考えのもとに生物多様性の保全は必要となる。

　一方、人間を含めた生き物としての立場で考えれば、あらゆる生き物は生態系を形成する重要な構成要素のひとつとなる。あらゆる生き物がその存在の基盤を生態系においている以上、生物多様性の保全は不可欠であるとする考え方である。

　例えば、

① 現在では価値が認められていない種でも、将来の生態系維持のうえで必要

不可欠なものとしての価値が認められる可能性があるため、遺伝子や種の多様性を維持することが大切である
②生態系を構成するある種が絶滅することにより、その生態系がどのように変化していくのかを予測することは困難である。したがって生き物の存続のためには現在の生態系を維持していくことが選択可能なオプションとしてはもっとも安全で確実な方法である

といった考えのもとに生物多様性の保全は必要となる。

いずれの立場に立つとしても、生き物が生きていくためには生物多様性に富む地球を将来世代にわたって確保し続けることが必要不可欠であり、そのためにはほかの種の生き物と共生して生きていかなければならないのである。

＊2　自然との共生：2つの立場

人間は「自然との共生」という課題に対し、どのような考えを抱いてきたのだろうか。

「人間中心の立場」と「人間を含めた生き物としての立場」、この2つの思想は歴史の中でのさまざまな場面に顔を出し、そして激しく対立してきた。20世紀の冒頭、アメリカでこのような問いに激論が交わされている。これが、植物学者、探検家、作家として有名なジョン・ミュアーと森林局初代長官のギフォード・ピンショーの、ヘッチヘッチー・ダムの建設を巡る論争である。ミュアーにとっての自然とは原生自然を意味していた。自然は神が創り出したものであり、原生自然を構成する一員として人間が存在しているのである。原生自然は手つかずのまま保存されるべきであり、ヘッチヘッチー峡谷にダムを造ることは、神に対する冒とくであったのである。

一方、ピンショーにとっての自然とは地球とその資源そのものであり、環境保護とは地球とその資源を人間の永続的な経済発展のために開発・利用することにあった。したがって、市民に水や電力を供給するためにダムを造ることは、彼にとっては自然の正しい利用の方法であった。結局、この「実利主義」とよばれた保全思想が繁栄を急ぐ国そして国民に受け入れられ、ミュアーの思想を

凌駕し、テネシー川やコロンビア川の水資源開発に代表される大規模自然改変を支えるイデオロギーとなったのである。

　しかし、ミュアーの努力は国立公園という形で将来世代に残されていく。1890（明治22）年にはヨセミテ国立公園の制定が国会で承認され、以降相次いでセコイヤ、グランドキャニオン等の国立公園の制定に携わり、「国立公園の父」とまでよばれるようになった。1903（明治36）年には時の第26代大統領セオドア・ルーズベルトがミュアーの愛したヨセミテを訪れ、2人きりで3泊4日の旅をしている。ここでの親交が5つの国立公園と23の国立記念物の指定を実現させることとなる。

　ミュアーの思想は、人間中心主義から人間非中心主義への転換を説く実践型の環境保護思想「ディープ・エコロジー」へと発展していくのだが、この2つの思想は人と人とが論争する際に顔を出すだけでなく、私たち一人ひとりの心の奥底の世界に隠されている相容れない思想なのである。そのため、自然や生物多様性を守るという考えや行動は、ある面からは美徳化され（人間非中心主義）、ほかの面からは偽善化される（人間中心主義）。

　この相反する2つの思想の衝突は、人間のあいだあるいは個人においても将来的に解決されないものなのかもしれない。しかし、いずれにせよ人間が将来にわたり生き続けていくためには、生態系が提供する「自然の恵み」を将来世代にわたって確保し続ける必要があり、そのためには他の種の生き物と共生して生きていかなければならない。少なくとも、これだけは真実なのである。

　人間が抱くこの2つの思想は、ときに「保存」と「保全」という用語に置きかえられる。この場合、「保存」とは、ありのままの自然維持を最終目的とする思想・行為を意味する。一方、ジョン・パスモアの言葉を借りれば、「保全」の思想は自然環境に「それ自体の価値」が備わっているとみなすものであり（パスモア, 1998）、人は自然界の絶対的な支配者ではなく、神から管理を委ねられたスチュワード（執事）である、という人間中心的な自然観となる。すなわち、「保全」とは、人間のために自然環境を保全しようとすることであり、将来に備え現在の天然資源を保全する、といったような概念になる。

＊3　環境保護の思想

　ミュアーやルーズベルトは「環境保護の流れ」を系統立てることとなったが、彼らの思想を形作ったのはラルフ・ウォルドー・エマーソンそしてヘンリー・デヴィッド・ソローであるといわれている。1803（享和3）年生まれのエマーソンは牧師を経て創作活動に従事するようになる。当時のアメリカは開拓の時代であり自然は切り開く対象と考えられていた。しかし彼は、自然と人間の密接な関係の必要性を人々に説いて回った。

　彼の残した言葉に以下のような言葉がある。

　「明けても暮れても考えている事柄、それがその人なのだ」

　「偉大であるということは、誤解されるということだ」

　一方のソローは、28歳のときにボストン郊外のコンコードのウォールデン湖のほとりで26か月に及ぶ簡素な森の生活をはじめる。これは自給自足の生活そしてそこでのさまざまな生活実験を通し、自然と人間の精神的つながりや人生の意義などについての答えを模索するための取り組みであった。この体験は、第1章「衣食住の基本問題」から18章「こうしてぼくの森の生活が終わった」から構成されている『森の生活』という有名な著作にまとめられている。

　彼は、森の生活を通じて以下のような言葉を残している。

　「僕たちには野性という強壮剤がいる」

　「人間はなしですまされるものが多いほど、それに比例して生活は豊かになる」

　「楽しみに金のかからない人が最も幸せである」

　1960年代に入ると、従来の運動とはまったく異なる新しい環境保護運動が展開されるようになる。自然環境ならびに野生生物の命を自らの思想で操ることに疑問を抱きはじめた多くの人間が、実利主義的思想から脱却することになる。自然環境と自分自身のかかわりが明らかになるにつれて、人は生態系を構成する一員にすぎず、全階層の生き物が暮らしていくことのできる社会の中でしか生きてはいけないという危機感が高まってきた。人間の活動ができるだけ自然の物質循環を損なわないように配慮し、環境を基調とする社会システムを構築

していく経済社会、すなわち、持続可能な共生社会の構築の気運が高まることになる。こうした認識を説得力あるものにしたのが、生態学的知見の発達やその普及であった。

*4 ディープ・エコロジー

「ディープ・エコロジー」とは、エマーソン、ソロー、ミュアーなどに代表されるアメリカの伝統的な自然保護思想を背景に、1960～70年代のエコロジー運動の影響を強く受けて成立した哲学的思想のことである。1980年代アメリカを中心に盛りあがりをみせている。

アメリカ西海岸ではカウンター・カルチャーとよばれる若者が牽引する反体制的な運動が隆盛を極めていた。今までに形作られてきた文化の潮流に対する反発であると同時に、その背景にある強固なモダニズム的価値観への批判という側面をもつ。とくに先鋭的なものは「アンダー・グラウンド（アングラ）」とよばれることもある。このカウンター・カルチャーの波に乗り、道元禅や鈴木大拙の禅、福岡正信の「自然農法」などの東洋思想やインドのヒンズー思想、ネイティブ・アメリカンの思想などが強く影響を与えている。さらにそのルーツをたどると、宮沢賢治、南方熊楠などを経て、はるか近世の日本における思想にまで行き着くのである。そんな「ディープ・エコロジー」が90年代の日本にも逆輸入されはじめている。

ノルウェーの哲学者アルネ・ネスは、エコロジー運動を「浅いもの（シャロウ）」と「深いもの（ディープ）」に分類し、「深いもの」すなわち、「ディープ・エコロジー」の重要性を説いている。「ディープ・エコロジー」とは、人間中心主義から人間非中心主義への転換を説く実践型の環境保護思想である。「環境問題の解決には現代の社会経済システムと文明を変革することが不可欠であり、その実現に向けては、西洋の自然支配主義から生命相互が共生する社会へ変換することが重要で、人と自然のつながりを感じ取り、生きることの真の意味を問い、ライフスタイルを変換することにより、正しい世界観を再発見することなしには解決されない」とするものである。具体的には、

・ウィルダネス（原生自然）に触れ、そのエネルギーを感じ取ること
・自分たちが暮らす地域の自然を真剣に見つめ、その地域独自の自然に適応したライフスタイルを構築すること

などを求めている。後述するように、前者は「スピリチュアル・エコロジー」や「トランスパーソナル・エコロジー」へ、後者は、「バイオ・リージョナリズム」とよばれる思想へと発展していく。

「ディープ・エコロジー」で重要なことは、「自然と私のかかわりとは」、「自然の中に生きる私とは」、「どのように自然とかかわりをもつべきなのか」といった精神的に深い問いかけを繰り返し、その過程で得た答えを実行に移していくプロセスである。

一方、「シャロウ・エコロジー」とは、「環境保護への意識を唱えるだけの非現実的エコロジー」や「先進国に住む人々の健康と繁栄を持続するために環境汚染と資源枯渇に反対するうわべだけのエコロジー」思想のことで、環境問題を最終的な解決には導かない取り組みを意味している。

環境問題を引き起こした現代文明、経済システムに対する思想的な反省が「ディープ・エコロジー」という潮流に乗り、先進国のとくにNPOを中心に広がりを見せつつある。

「ディープ・エコロジー」運動でよく使われるスローガンには、
「行動に移そう、いますぐに！」
「賢く生きよう、そうすれば地球も生き残ることができる」
といったものがある。

(1)ディープ・エコロジーへの批判

「ディープ・エコロジー」の思想では、「現在の先進国に住む人々が享受している生活レベルや思想、社会制度などを継続、あるいは大きな変更を加えないことが大前提で"環境問題"を解決しようとしている点」に大きな欠点があるといわれている。このような中、「ディープ・エコロジー」に対して先鋭的な批判を行い衝撃を与えた思想が「ソーシャル・エコロジー」と「エコ・フェミニズム」である。

(2) ソーシャル・エコロジー

　人間社会に階級が存在するかぎり、一部の人間による自然支配は続くと主張する思想であり、私たちの内面の宇宙観や人生観、価値観こそが環境問題の根本であると考える「ディープ・エコロジスト」に対し、私たちが暮らす社会構造こそが根本問題であると考えるマレイ・ブクチンの影響下に誕生した思想である。

　西欧の合理主義と産業第一主義が自然環境を破壊し、生命を抑圧する支配の構造を作りあげてきた。これは女性や少数民族を差別してきた歴史と同じ根をもっている。「ディープ・エコロジー」は人という種が環境問題を引き起こしたというが、環境問題を解決するためには、植民地支配、第三世界搾取、性差別（ジェンダー）などの支配構造を明確にし、人間がほかの人間を抑圧し搾取するような構造「人間による人間支配」を根本的に是正することが重要である。なぜならば、人はさまざまな制度、組織を通してほかの人間とかかわり、そして自然とかかわっていくからである。この点を見逃してはいけないと批判している。ジェンダーとは、社会的・文化的に形成された性別のことで、「女とは、男とは」という通念を基盤にした男女の区別として用いられる。

(3) エコ・フェミニズム

　一般的に「フェミニズム」とは「男女同権を実現し性差別的な抑圧や搾取をなくす運動」と解釈される。1960年代から70年代にかけて、西欧諸国でフェミニズムの運動が隆盛をきわめていく。この運動を第二派フェミニズムとよんでいる（第一派は19世紀から20世紀初頭にかけての女性参政権運動をいう）。

　フェミニズムの影響力はエコロジー、自然保護にも及び「エコ・フェミニズム」とよばれるようになる。これは、一言で表現すれば「女性の立場から環境問題を根本的に見直そう」という思想であり、1974（昭和49）年にフランスの作家であるフランソワーズ・ドボンヌにより提唱された思想である。この思想の背景には、1892（明治25）年、「環境破壊を解決するためには、一人ひとりのライフスタイルを見直すことが大切である」と進歩的な考え方を説いたヘレン・スワローや、1962（昭和37）年に『沈黙の春』を出版したレイチェル・カーソ

ンたちのエコロジー運動など、女性からの発言が大きく影響している。

「エコ・フェミニズム」は現在の環境問題を引き起こした根本を西欧の合理主義と産業第一主義にあるとし、その背景には、自然を支配し搾取し、女性を支配する哲学と価値観を作りあげた「男性」の存在があると考える。この思想によれば、環境破壊問題と男性の女性支配の問題は同根となる。人間による自然支配の構造と男性による女性支配の構造が同根である以上、この支配の構造を解消しないかぎり環境問題も解決しない、という主張に行き着いたのである。

男性による女性支配と男性による自然支配が同根であるという思想は、1980（昭和55）年のキャロリン・マーチャントの『自然の死』により体系づけられ、アメリカのエコ・フェミニズム運動を牽引してきたイネストラ・キングに受け継がれていった。

キングは「地球の環境破壊と核による人類滅亡の脅威の背景には、過去から綿々と継続されてきた男性優位社会、すなわち家父長制度がある。家父長制度によって支えられてきた男性社会にとって自然は対象化され、支配者とは異なる他者として従属させられるようになっていく。自然と同一視される女性も同様に対象化され従属させられてきた。女性と自然は男性社会からは他者として扱われてきた」と考える。

「エコ・フェミニズム」は欧米の先進諸国の女性により提唱され活動してきたが、1970年代にインドの女性たちが木に抱きついて木を伐採から守ろうとする「チプコ」とよばれる運動などが活発となり、第三世界の女性たちの環境保護運動へも思想は影響を与えている。

1980年代には「エコ・フェミニズム」思想は日本にも上陸し、青木やよひ、上野千鶴子らが活躍するが、海外でみられる大衆からの支持を得るまでには至っていない現状にある。

さて、この「エコ・フェミニズム」思想が「ディープ・エコロジー」を「社会問題を切り捨てている思想」として真っ向から批判したのである。「ディープ・エコロジー」では「環境破壊となる行為をしなければ生きてはいけない貧しい国々の人々をどう考えているのか」といった点に思想の限界があり、その

思想を「社会問題を切り捨てている」としている。

「ディープ・エコロジー」が説くように「人類が環境を破壊してきた」のではなく、正しくは「人類の内の先進諸国の男性」が破壊し続けてきたのであると考える。自然と共生してきたがために差別されてきた先住民や女性までをも環境破壊をしてきた人間に含めようとする思想には、大きな誤りがあることを指摘している。

(4)ディープ・エコロジーの将来

「ディープ・エコロジー」の思想は、東洋の思想を取り込みながら西欧諸国の人々、とくに中産階級の白人男性を中心に形成されていく。この事実に思想の限界を感じ取る人たちがいる。

この思想は、「社会の仕組みを改革することにより環境問題を解決するためには、私たち人類の心のあり方を成熟させることにより内側から解決させていこう」という点に特徴を有すが、この内面的思想は、ともすれば現代の経済システムや環境開発を批判し産業都市を捨て田園や森の中に生きることを夢見ている人たちの集まりとみなされる。その結果、精神世界に入り込んでしまい思想のまま自己を凍結させ、社会の現実を直視していない思想と批判されるのである。

「ディープ・エコロジー」が将来に生き残れるのかは、内面的思想を具体的なエコロジーの実践活動と関連づけることができ、エコ・フェミニズムの思想の長所を取り込むだけの柔軟性を有したときであろう。

多くの課題を抱いている「ディープ・エコロジー」の思想ではあるが、その主題である「人間中心主義から人間非中心主義への転換」を遂げる取り組みとして、内面的思想を具体的なエコロジーの実践活動と関連づけるために「原生自然に触れ、そのエネルギーを感じ取る」手法に求める思想も現れている。

①スピリチュアル・エコロジー：1988（昭和63）年に出版された『地球の夢』の中で、著者のトーマス・ベリーはネイティブ・アメリカンの母なる大地との交歓やシャーマニズムの儀礼などの素朴な神秘主義を例にあげ、「自然界に偏在する"心的エネルギー"と交歓できるような霊的次元での人間の成長の必要

性」を唱えている。そして、精神的な交流を取り戻すことにより、生命のつながりの深遠さ、不可思議さを感じ取ることによってこそ環境問題は真の解決へと向かうのである、と結論づけている。

　一方で、イルカやクジラ、オオカミなどの野生動物との対話を試みているジム・ノルマンは、その異種間コミュニケーションを通じ、生命のつながりや自然との関係の精神的な側面に気がつき、「スピリチュアル・エコロジー」を通じ自然に対する人間の責任を自覚し、共生への道を模索しようと提唱している。チンパンジー研究の第一人者であるジェーン・グドールも、動物そして自然とかかわる中で、生命のつながりを感じ、人間はどうあるべきかを問い直し、「スピリチュアル・エコロジー」の思想を抱きながら環境・教育の実践的活動に身を投じているのである。

　②トランスパーソナル・エコロジー：1990年、ワーウィック・フォックスは著書『トランスパーソナル・エコロジー』の中で、ディープ・エコロジーとトランスパーソナル・エコロジー心理学を結合させた「トランスパーソナル・エコロジー」を提唱している。ディープ・エコロジーの内容を吟味して、単に「深い」とするだけでは誤解を招くおそれがあるとして、ネスの示した自己実現の意味をより正確に表現するために、パーソナル（個的）な自己を超えるという意味を踏まえて、「トランスパーソナル・エコロジー」という名称をあて、エコロジーの心理学化と人間中心主義を脱しきれていないトランスパーソナル心理学のエコロジー化を目指している。

　この思想は、「人間の深層の意識の世界では、人間たちの心は相互につながっている。さらに人間以外の生命体ともつながっている。したがって、自我のレベルを超え深層の意識を追求していくことで、エコロジーは本当の意味で人間中心主義を超え人間非中心主義を迎えることができるのである」というものである。この心理学の観点から人間と環境との関係をとらえ直すというアプローチは最近注目されている。

＊5　バイオ・リージョナリズム

　生命地域主義とも訳される「バイオ・リージョナリズム」は、1970〜80年代にかけて展開された思想および運動である。もともとは地理学者や生態学者の研究からはじまったものであるが、「ディープ・エコロジー」などの影響を受けて進化していった。

　「ディープ・エコロジー」では、その中心主題である「人間中心主義から人間非中心主義への転換」を遂げるための方法として精神的側面に関心を向けているのに対し、自分たちの暮らす地域の自然を見つめ直し、その地域独自の自然に適応したライフスタイルを確立させていくという具体的手法に関心を向けている点が特徴的である。さらに、支配や階級制度の問題に焦点を当てている「ソーシャル・エコロジー」の概念を含む統合的で具体的な思想へ発達している。

　「バイオ・リージョナリズム」は、国境、県境といった行政的な境界で区切られた地域ではなく、集水域や河川流域といった生態的つながり、あるいは歴史や風土といったまとまりをもつ地域（バイオ・リージョン）の特徴や環境特性を保つための制約条件に、食糧、エネルギー、産業、交通などあらゆるものを人間側が適合させることにより、地域を持続的に運営していこうとするものである。

　その際、地域内の資源を活用しながら地域の循環型システムを構築し、地域独自の自然資源や環境といった素材を活かした地域独自の産業や教育を確立し、持続可能な営みを達成しようとするものである。

　さらには「バイオ・リージョナリズム」の視点から、後に述べるパーマカルチャーを実践する人たちも増えている。今や、「ディープ・エコロジー」と並び環境問題への取り組みとしてもっとも現実的な方法のひとつとされている。

　環境問題に関して「Think Globally, Act Locally」というスローガンがある。これは60年代にバーバラ・ウォードとルネ・デュボスという環境研究者が作った言葉だといわれている。環境問題を解く鍵は「Think Globally, Act Locally」すなわち「世界的な視点で考え、地域的な視点で行動すること」であるという。しかし「バイオ・リージョナリズム」の考え方では、むしろ"Think Locally,

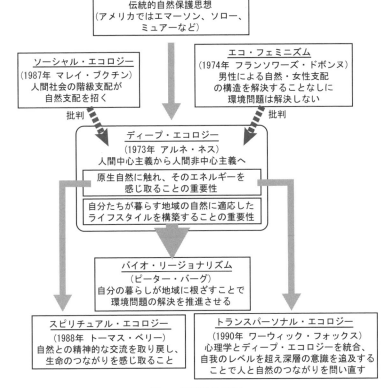

図5-1 環境思想の流れ

Act Locally"である。自分の住んでいる地域のことを十分に理解していなければ具体的な行動を起こすことができない、あるいは、行動を起こしても結果は出ないという見かたをしている。地域ごとの問題解決の蓄積が、地球規模の問題の解決につながるのだというのである。大切なのは、「地球規模」で物事を考えたり「地域レベル」で考えたりすることではなく、両方の側面を視野に入れた「正しい」生きかたを構築することである。「バイオ・リージョナリズム」において志向されるこのような生きかたは「再定住」あるいは「リインハビリテーション」とよばれている。日々の暮らしが地域と切り離されがちな現代に

おいて、再び地域に根ざすことが必要だと主張しているのである。

3 >>> 自然の恵みを賢く使う社会

　自然環境が養うことができる資源（森林、水、大気、水産資源など）の最大値を「環境容量」とよぶ。WWF（世界自然保護基金）「生きている地球レポート　2008年版」によると、「世界のエコロジカル・フットプリントは、1980年代の半ばに地球1個分の生物生産力（および二酸化炭素の吸収力）のラインを超え、2005年の時点でおよそ1.3個分の数値」を示している。すなわち、人類の消費活動は地球の環境容量を超えてしまっている現状が理解される。このような現状の中、「自然の恵みを賢く使う社会」を形成することが重要である。

　循環型社会とは、「人間の活動が、できるだけ自然の物質循環を損なわないように配慮し、環境を基調とする社会システムを構築していく経済社会」のことであるが、「自然の恵みを賢く使う社会」とは、「元金（現存する自然環境）には手をつけないで、利子（自然の恵み）を効率的に運用する」、そして「大量生産・消費・廃棄の暮らしを改め、環境に排出される廃棄物の量を最小限とし、その質を環境に影響のないものへと変換していくシステムを構築していく経済社会」であると考える。

　図5-2に示すように、自然界の物質循環にはムダがない。生態系を支える基礎は植物であり、植物は太陽エネルギーと水、土壌中の栄養塩で自己増殖が行える唯一の生き物（生産者）である。生産者が増やした資源量（葉量など）で養える個体数の草食動物（第一次消費者）が増加し、増えた草食動物の数で養える第二次消費者（肉食動物）が増えていくという仕組みである。すなわち、自然界の仕組みは、自然が生み出す利子（植物の生長量、動

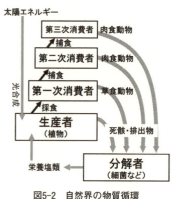

図5-2　自然界の物質循環

物の個体数増加）を利用し、高次の生き物が成長するというもので、大規模な気候変動などなければ、各栄養段階を構成する生き物の量は大きく変わることはない。また、各栄養段階から出される死骸や排出物は、すべて土壌中の微生物により分解され栄養塩となり、再び植物の栄養として利用される。

今日の大量生産・大量消費・大量廃棄型の社会経済システムは、生態系を破壊しながらものすごい速さで天然資源や食糧などを採取し、モノを生産し、その代わりにゴミや汚染物質を自然環境へ捨て去ってきた。自然環境は自らの循環の中で経済システムから排出された物質を分解・吸収し自浄してきたが、その能力に陰りが見えてきた。

人間社会はほかの生き物と共進化する道を選ばず、単独で大きくなりすぎた。この地球のもつありとあらゆる潜在能力を踏みつけて歩いてきた。今や地球は人間という1種類の生き物の行き過ぎた行為により健全な状態を確保することが困難な状況下におかれている。しかし、事態は変化しはじめている。地球のあちらこちらから"この地球を健全な姿に戻そう"と声が上がりはじめている。社会経済システムと自然環境のかかわりについて、そのあるべき姿を模索しはじめる動きが活発化している。あるべき姿について、その考えは多岐にわたるが、その中でも「持続可能な発展」という発想が世界的に広く受け入れられている。

「持続可能な発展」という概念は、1987（昭和62）年に「環境と開発に関する世界委員会」が発表した報告書「我ら共有の未来」の中で初めて提唱された概念で、1992（平成4）年の地球サミットにおいて、これを実現するための世界行動指針として「アジェンダ21」が採択されている。

「持続可能な社会」とは「現在・将来世代の人々の精神的・経済的自立を、人と人、人と自然の良好な共生関係のもとに形成される地球生態系の収容能力の限界内で達成する社会」であり、現代世代内、将来世代間、そして生態系とのバランスのとれた共生社会を実現することで達成される社会と考える。実現のためには、「トリレンマの構造」を解くことがもっとも現実的なのひとつの取り組みであると考えている。

＊1　トリレンマの構造

　生態系に負担をかけず、次世代そして地域の経済、エネルギー需要を安定させるという困難な問題の解決にあたっては、「トリレンマの構造（3つのE）」を解く鍵を探すことが重要課題となる。ジレンマが2つのあいだの矛盾を意味するように、トリレンマは三重矛盾を意味している（図5-3）。

　3つの"E"とはEconomic Growth（経済成長）、Energy SecurityまたはEnergy Supply（エネルギー危機、エネルギー供給）、Environmental Protection（環境保全）の頭文字である"E"である。「トリレンマの構造」とは、3つの"E"のあいだの三重矛盾のことであり、解く鍵は、この3つの"E"を同時に達成させるための方法のことである。

　従来の考えでは3つの"E"は相反する関係になる。例えば、経済成長だけを考えれば、エネルギー消費は増大し環境への負荷が高まる結果、エネルギーの安定供給に支障をきたすことになる。また、環境を保全しようとすれば、エネルギー消費を抑制する必要が生じ経済成長が停滞することになる。いずれの場合も3つのEを同時に達成することはできなくなる。しかし、この考えは経済成長を「従来型の消費経済の量的な拡大」としかとらえていないためであり、従来からの生きかたでは経済成長を続けるためにはエネルギー資源が消費

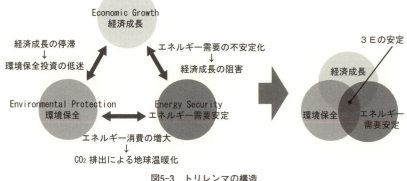

図5-3　トリレンマの構造

（財エネルギー総合工学研究所（2009）「？を！にするエネルギー講座」より作成）

され、環境への人為的負荷が高まってしまう結果しか生まないのである。

＊2　地球的公正とは

　広く平等に"南北問題"や"世代間の公正さ"を考慮した「地球的公正」という概念がある。これは、現状の資源制約や環境制約を前提とし、南北間そして世代間の公平を考慮して、貴重な資源を人間一人ひとりがどの水準で利用すべきかを考え、実行していこうというものである。その結果として、経済と環境そしてエネルギーの調和する社会を構築することである。

　「持続可能な発展」の実現には「トリレンマの構造」を解く鍵をみつけることが重要であり、そのための現実的なひとつが地球的公正の推進である。「地球的公正」を実現するためには、まずは大量生産・大量消費・大量廃棄型の経済システムを改善する必要がある。そのため具体的には、この経済システムを入り口である大量生産の前の段階で制御しようとする「環境容量」、生産・流通・消費・廃棄の途中過程を制御しようとする「環境効率性」、そして出口を制御しようとする「循環再利用」などの必要性が検討され、具体的な施策が行われはじめている。

(1)環境容量

　「環境容量」とは、環境・資源に関する地球的公正を実現するためのものであり、1992年の地球サミットに合わせて持続可能な社会の実現のために、国際環境NGO「地球の友」グループの「地球の友オランダ」が取り組んだものである。今後の世界で持続的な社会を実現するためには、大量生産・大量消費・大量廃棄型の社会構造をもつ先進国の発展パターンを具体的に軌道修正する必要があるが、「将来の世代の資源利用の権利を奪うことなく、どの程度のエネルギー、資源などの利用や消費活動、そして環境汚染が許されるのか、それを世界中の人々が公平に与えられる一人あたりの利用許容限度を算出する」ものである。そして、算出された環境容量の範囲内でライフスタイルや生産・消費の様式をどう変えていくか、さらには技術開発の進め方や産業構造の改変などについて考え行動する具体的な計画である。環境・資源に関する地球的公正の

考え方を定量化・具現化した点が注目されている。

算出の根拠や方法は省略するが、例えばガソリンなどといった石油の燃焼利用は1人1日あたり1リットル程度とし、将来的には太陽・風などを利用する再生可能エネルギーへ転換することがよびかけられている。

日本では、環境容量の試算が具体的な活動へとつながった例として、「地球にダイエット」キャンペーンがある。この活動は、LOVE THE EARTH 実行委員会（シャプラニール一市民による海外協力の会、曹洞宗国際ボランティア会（SVA）、日本国際ボランティアセンター（JVC）の3つの国際協力民間団体で構成）により、1998（平成10）年に取り組まれたキャンペーンである。先進諸国の環境負荷型の生活を見直すことで資源・エネルギーの消費を削減し環境負荷を減らし、その際の節約分を環境容量の試算をもとに評価し、そこで生み出された資金を南北問題の解決に充てようとする運動である。

環境容量の取り組みを推進するためには、私たちのライフスタイルの見直しが不可欠である。グリーン・コンシューマーやフェアー・トレードなどの市民活動と連動して大きなうねりとなることが期待されている。グリーン・コンシューマーとは地球環境にやさしい消費者の意味で、環境に配慮した、より環境に対する負荷の少ない商品を優先的に購入する人々のことをいう。また、フェアー・トレードとは草の根貿易のことで、南北間の不平等な自由貿易をより公平な貿易とするため、「南」の弱い立場にある生産者や労働者の権利を保障し、適正な価格で商品取引を継続することで、南の国々の持続的な生活水準の向上を支え、同時に、環境をも改善していくことを目的としている。

環境容量の取り組みはヨーロッパへ拡大し、31か国の NGO が国からの財政的な支援を受けて、93年「サスティナブル・ヨーロッパ・プロジェクト」が立ち上がるまでに成長している。

(2) 環境効率性

「環境効率性」とは、経済活動の環境負荷の軽減を実現するためのものであり、「可能な限り資源・エネルギーの使用を低減し効率化することにより、経済活動の環境負荷を低減すること」を意味している。同じ機能や役割を果たす製品

やサービスの生産を比べた場合、それに伴って発生する環境への負荷が小さければ、それだけ「環境効率」が高いことになるという考え方である。

そのためには、エネルギーや食糧などの浪費を抑制し資源の再利用を徹底させ、省エネ技術や再生可能エネルギー（太陽、水、風など）を積極的に進展させ、社会経済システムの変革を成し遂げる必要がある。さらには、企業自体の体質を「社会的企業（ソーシャル・エンタープライズ）」へと変革する必要がある。これは、利潤の追求や生産性の向上を図ることが唯一の目的ではなく、環境負荷をできるだけ削減することが消費者に認められるなどの社会的効用を生み出し経済的なメリットに結びつけていくため、環境や福祉、雇用問題なども解決する社会目的の企業のことで、これからの企業形態として注目されている。

企業における環境効率性向上のための施策としては、製品の製造、使用、廃棄等のライフサイクルの各段階における環境負荷を低減しようとする試みや、同一の効用を実現するため、事業者が自主的に環境に関する方針や目標を決定し、これらの目標に向けて努力する「環境マネジメント」への取り組みがある。

①環境マネジメントシステム

企業等の組織は法令等の規制を守るだけにとどまらず、自主的・積極的に環境保全のためにとる行動を計画・実行・評価することが大切である。これを「環境管理」という。自主的に進めるためには、

・経営者自らが環境保全に関する方針、目標、計画を策定し、

・これを実行するための組織やマニュアルの整備を行い、

・目標の達成状況や計画の実行状況を点検し、全体のシステムの見直しを行う

という一連の手続きが必要であり、これを「環境マネジメントシステム（EMS）」という。

企業がEMSを導入するメリットは、環境負荷を軽減させるにとどまらず、環境保全に対し意識の高い消費者は、意識の高い企業のサービス、製品を優先的に選択することにもある。

さらに、企業活動を環境保全に配慮したものへ定着させていくためには、第

三者により環境マネジメントシステムの実施状況や成果などを監査基準と照らし合わせて適合状況のチェックを実施する体制作りが欠かせない。この経営管理の方法のひとつを「環境監査」という。

　企業等の環境保全への取り組みを定量的に評価するための枠組みのひとつに「環境会計」がある。環境活動に対して、どれだけ費用・資源を投入し、それによってどれだけの効果を生んだのかを測定し、分析、公表するための仕組みのことである。

　EMSが注目されたのは、1992（平成4）年の「地球サミット」のときである。このときISO（国際標準化機構）に対してEMSの国際規格化を要請し、ISOは1996（平成8）年に企業が満たさなければならない環境マネジメントの要求事項を記載した規格「ISO14001」を発行した。ISOとはモノやサービスの国際的な流通を促進するため、工業製品などの規格を定める代表的な国際組織である。日本からはJISの調査・審議を行っているJISC（日本工業標準調査会）が1952（昭和27）年から加盟している。ISOの規格に法的拘束力はないが、事実上の国際標準となっているものが多い。

　ISOが定めた環境に関する国際規格群は、「環境マネジメントシステム」、「環境監査」のほかに「ライフサイクルアセスメント」、「環境ラベル」などで構成されている。このうち、環境マネジメントシステムに関する規格ISO14001は、唯一第三者認証の対象となっている。

　ライフサイクルアセスメント（LCA）とは、ある製品を考えるとき、その製品の原料となる資源の採取から製造、流通、使用、廃棄、輸送、再利用など製品の一生を通して生じる環境負荷による地球や生態系への環境影響を客観的・定量的に評価する手法のことである。LCAは商品やサービスなどを利用する人が、環境負荷という観点から評価・選択する際に役立てることができる。世界共通のLCAを確立する目的で、1998（平成10）年にLCAの原則と枠組みを示すISO14040が発行された。

　さらに環境ラベルや環境家計簿の評価基準として、LCAの考え方が適用されはじめている。環境ラベルとは、製品やサービスの環境情報を、製品やパッ

ケージ、広告等を通じて購入者に伝えることにより、環境配慮型の製品の選択を促すものである。

②ファクター4、10

「環境効率」の概念を応用し全ヨーロッパの環境容量の統一計算方法が提示されている。これは「ファクター4」、「ファクター10」とよばれ、省エネ、省資源を4倍、10倍にするための具体的な計画として世界的に注目を集めている。「ファクター4」は1970年に設立された「ローマクラブ」のレポート「第一次地球革命（1992）」の中で提唱された用語である。これは環境対策を進めながら開発途上国の問題を解決するには、「豊かさを倍に、環境への負荷を半分に」する必要があるという考えである。

「ファクター」とは「資源・エネルギー利用の飛躍的な効率化を図ること」を意味する用語であり、「ファクター論」とは「資源の利用効率を高めることで増大する人間間の不均衡を是正し、資源採取から廃棄に至るまでの過程でムダを徹底的に削減し、資源を将来世代に残し地球環境に対する負荷を削減するための考え、方法」のことである。

生活の質を維持しながらも資源・エネルギーの消費量を抑制し、環境負荷を低減させるため環境効率を4倍に高めることを「ファクター4」とよんでいる。ファクター4の4という数値は、地球全人口の20％を占める先進国の人間が全世界の80％の資源を消費しているため、先進国は直ちに消費量を4分の1に削減しなければならないというところから出てきた数字である。製品の性能や役割を2倍にして、資源やエネルギーの消費を従来の半分に削減することで環境効率を4倍に高めようとするものである。具体的には、炭素繊維の超軽量自動車、太陽光を利用したパッシブハウスや自動車共有システム、土地利用と輸送を統合した都市計画など、エネルギー、素材、輸送分野の資源・エネルギー利用効率4倍化などが実現している。

一方、「ファクター10」は、1991年にドイツのボパタール研究所により提起された考えで、先進国1人あたりの資源・エネルギー消費量あるいは二酸化炭素排出量を、2050年に現在の10分の1に削減することを目標としている。人類

全体の産業活動が地球に及ぼす影響を1990年時レベルに保つためには、人口増加や経済成長を考慮すると「ファクター10」になると考えている。

将来世代にわたり大切なことは、都市部、農村部における人口の不平等、工業に依存した経済体制、自浄能力を失いつつある自然生態系、地域内再生資源の未利用などを解消していくことであり、これらの改善なくしては「ファクター」議論も行き詰まりを見せることになるだろう。

(3) 循環型再利用

循環型再利用とは、ムダのない資源・エネルギーの利用を実現するためのものであり、持続可能な共生社会の構築のためには「循環型社会」の確立が必要である。「循環型社会」とは、「人間の活動が、できるだけ自然の物質循環を損なわないように配慮し、環境を基調とする社会システムを構築していく経済社会」のことで、具体的には「製品等が廃棄物となることが抑制され製品等が循環資源となった場合においては、これについて適正に循環的な利用が行われることが促進され、循環的な利用が行われていない循環資源については適正な処分が確保されることで天然資源の消費を抑制し、環境への負荷ができる限り低減される社会」をいう（図5-4）。

例えば、人工林を適切に管理するためには、間伐による維持・管理が必要となる。この間伐材は、いうなれば自然からもらい受けた利子分に相当する。利子分の間伐材を循環型社会に「資源投入」することにより、熱帯雨林の木材などの天然資源の消費は抑制され、さらにはもとの人工林も適切に管理されることになる。木材などは適切な管理のもとで消費されていれば、使った分が再生する。このような資源を、石炭や石油のような「枯渇性資源」に対し「再生可能資源」という。

循環型社会は、モノの流れを系から外へ発散させていく従来型ではなく、系の中で回す循環型のシステムである。広い系の中でモノを回すとエネルギー効率が悪く損失が大きい。したがって、人間社会でいうところの循環型社会はグローバルな世界で形成させることは難しい。自然から得ることのできる林産物や農産物に代表される再生可能な資源としての地域資源を、その地域内で活用

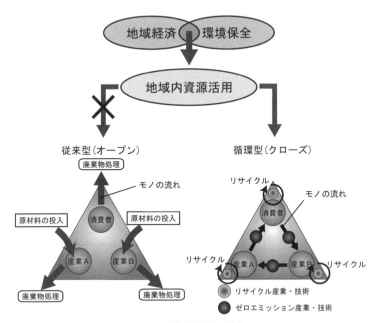

図5-4　循環型社会の形成

する社会が望ましい。

　この概念をモノづくりに取り入れたものが「インバース・マニュファクチュアリング・システム」である。これまで廃棄されてきた使用済み製品や加工途中で発生するゴミなどを回収し、再利用する技術（インバース・マニュファクチュアリング）の構築が求められている。従来の企業の生産方式は、「生産→使用→廃棄」といった順工程（エンド・オブ・パイプ）の生産システムであるが、これからは「回収→分解・選別→再利用→生産」という逆工程を重視した循環型のものづくりが必要である。逆工程を重視した製造技術体系を「逆工場」という。

　産業活動によって発生する廃熱・廃棄物などをリサイクルしたり、他の産業の原料として活用することにより、最終的な廃棄物をゼロにすることを「ゼロ・エミッション」というが、企業は今、「エンド・オブ・パイプ」型から「ゼロ・エミッション」型へと産業構造の変革を求められている。

*3 江戸時代の人々の暮らし

江戸時代の庶民の暮らしと現代の私たちの暮らしをヒントに自然の恵みを賢く使う社会の一面を考える。ここでは、とくに太陽に注目することで、不定時法という時刻制度のもと「生活を自然に合わせる江戸時代」と定時法のもと「自然を生活に合わせる現代生活（過剰な夜間照明など）」とを比較検討することにより、自然の恵みを賢く使う社会のあり方を比較する。

(1) 江戸時代のライフスタイル

江戸時代の日本では、現代の定時法と異なり、不定時法が使われていた。定時法とは、1日を24時間に等分し、時間の長さは季節によらず一定な現代の時間法である。一方、不定時法とは日の入から日の出までの時間を6等分する時

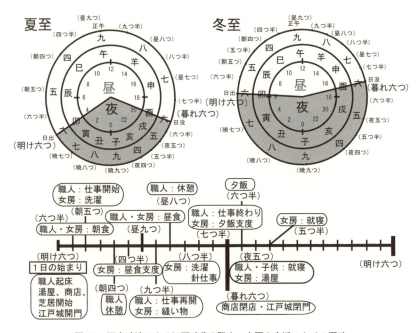

図5-5　不定時法による江戸時代の職人・女房の生活スタイル概略

（市川寛明編（2004）「一目でわかる江戸時代」小学館、上口等・平野光雄（1978）「大名時計 NO.3」大名時計博物館報第3号より作成）

間法であり、江戸時代以前に使われていた時間概念である（図5-5）。したがって、季節により昼夜の長さが変化する。日の出とともに起床し、日の入りとともに就寝するという、太陽の周期に根ざした時報である。日の出のおよそ30分前を明け六つ、日の入りおよそ30分後を暮れ六つとよぶ。例えば2006年の東京では、夏至の頃は明け六つが3時55分頃、暮れ六つが19時30分頃、冬至の頃では明け六つが6時14分頃、暮れ六つが17時00分頃となる。

例えば、東京での夏至の6月21日と冬至の12月22日における時刻は、夏至では長い昼を6等分することで、各々の刻は約2時間40分となる。一方、夜の時刻は約1時間20分となる。これが冬至になると、昼は約1時間50分、夜は約2時間10分と大きく変わる。

江戸庶民は、日の出とともに起床して仕事をし、日の入りとともに仕事を終えるという生活スタイルが基本であった。中江によれば（中江克己，2005）、職人の労働拘束時間は10時間程度ということになるが、昼四つの小休み、昼食、昼八つに小休憩を入れていたため、実質的には8時間労働であったという。また、昼が短い冬季には、1日4時間ほどしか働かなかったという。

江戸時代の大工や左官などの職人、その女房の暮らしを不定時法の時間で表現すると図5-5のような1日の生活スタイル概略が描ける。

(2) 江戸時代の明かりは太陽の恵み

江戸時代の庶民は早寝であったが、就寝までの時間を読書や裁縫に使うこともあった。この時代、もっとも一般的であった夜間照明は行灯である。行灯は、小さな皿に菜種油や魚油を入れ灯心を浸して点火する道具で、風などの影響から消えにくくしたり照明効果を上げるために、障子紙を張った枠の中に明かりを入れて使った。行灯の明かりは大変暗かったので、絵草子には行灯の障子を上げ、直接火を出して読書や裁縫をしている姿を目にする。

行灯に使用する油としては菜種油が広く使われていたが、当時としては高価な品であり、庶民のあいだでは価格が半額程度の魚油が使われていた。ろうそくは行灯より明るいが高級品であったため使われることは少なかった。

菜の花は太陽エネルギーを利用し成長し菜種を作り、菜種油を供給する。菜

の花は1年間で成長するので、去年の太陽の恵みが江戸の夜を照らす明かりをもたらしていたともいえる。私たちの実験結果から、ろうそくで1ルックス（満月下の照度0.5〜1ルックス程度）、行灯で4ルックス（ゲンジボタルの発光照度1〜4ルックス程度）の照度があれば、光源に本を近づければ読書が可能であることがわかっている（中山，2007）。江戸時代の書物の文字は現代の文庫本の文字と比較し大きかったことを考慮すれば、光源から多少離れていても読書はできたものと推測される。

*4　現代の人々の暮らし

(1) 1日の暮らしを追う

　日本国民の70%は、平日では24時00分までに就寝し、7時00分までに起床する（NHK放送文化研究所，2005）。人間は昼行性の動物であることを考えれば、日の出とともに起床し、日中は活動、日の入りとともに休息、就寝をとる生活スタイルが本来の姿となる。江戸時代の日本人の暮らしは、この本来の生活スタイルに沿った「生活を自然に合わせる暮らし」を営んでいた。しかし、テレビやインターネット、24時間営業のコンビニエンスストアやレストランなどの普及により、24時間社会という状況が日本人のライフスタイルを大きく変えている。

　このような環境変化のもとで、睡眠時間や睡眠の実態も変化している。日本人の平均睡眠時間は土・日曜日においては長期間続いていた減少傾向が止まり、逆に増加に転じていることが見てとれる一方、平日においては減少を続けており、1970年と2005年を比較すると、約40分短縮している（NHK放送文化研究所，2005）。

(2) 睡眠時間の短い日本

　エーシーニールセンが2004年9月28日から10月8日にかけて、インターネットを利用し、世界各国1万4,000人の一般消費者に睡眠習慣について調査を実施した（ACNielsen, 2005）。調査対象国は、アジア、米国、EU諸国の28か国である。

　午前0時を過ぎてから就寝する人が37%で、アジアはそれよりやや多い40%

（米国34％、EU32％）が夜更かしをしていることが明らかとなった。また、7時前に起床する早起きの人は、アジアに多く、その他は北欧、ドイツ、オーストリアなどのEUである。

ポルトガル、スペイン、イタリアはシエスタ（昼寝）の習慣が夜更かしにつながると考えれば、アジアの人々は一般的に遅寝・夜更かしで早起きの生活スタイルが多いことがわかる。エーシーニールセンの分析によれば、アジアでは消費者の生活習慣に合わせた、コンビニエンスストアをはじめとする24時間サービスやインターネットの普及も生活スタイルに影響を与え、この傾向は国によらず、とくに30代の消費者に多くみられるという。

その結果、アジアの人々は睡眠時間が短く、とくに日本人は41％が6時間以内という世界でもっとも睡眠時間の短い国となっている。60％が午前0時以降に就寝、4分の1は午前1時を回ってから眠りに就く。もっとも睡眠時間が長いニュージーランドでは6時間以下は2％に満たない。

現代日本人の睡眠時間は、なぜ短いのであろうか。有業者男女について日本とEU諸国を比較すると、以下の点に気づく。

①日本人は労働時間がもっとも長い：従来と比べると短縮されているが、とくに男性は週平均で7時間11分であり、つぎに長いフランスの5時間44分を1時間27分も上回っている。

②日本人は「食事・身の回りの用事」の時間が長い：ここでいう食事とは、家庭、外食店、仕事場での食事・飲食であり、身の回りの用事とは、自分のための洗顔、入浴、トイレ、身支度、着替え、化粧、整髪、ひげそり、理・美容室でのパーマ・カットのことである（総務省統計局, 2006）。とくにおしゃれや身体ケアにかける時間の長さによっている。

③その結果、日本人は睡眠時間が世界でもっとも短い：睡眠、仕事、食事、身の回りの用事、移動（通勤・通学を除く）、趣味・娯楽・学習・スポーツにかける生活時間推移を1976年と81年の平均と2001年との差をみると、日本人は、約20年のあいだに「睡眠時間（有業男性27分、有業女性20分）」、「仕事時間（有業男性27分、有業女性58分）」を減らし、「通勤通学以外の移動（男性

17分、女性22分）」、「趣味・娯楽・学習・スポーツ（男性12分、女性19分）」、「身の回りの用事（男性10分、女性18分）」を増やしてきた。この3要素を含めると、男性で39分、女性で59分の増加となっている。日本人は、睡眠の時間を削り、上記3要素にあてている傾向が見てとれる。

(3)早起きは三文の徳

上記に述べてきたように、日本人は現代の生活スタイルを反映して、睡眠覚醒リズムの障害（体内リズムの乱れ）を訴える人が増えている。社会的行動様式として望ましい睡眠パターンと、その人の睡眠パターンとのあいだに食い違いが起こることによる障害を、とくに「概日リズム睡眠障害」とよぶ。概日リズムとは、睡眠、覚醒、体温など、さまざまな生体機能が約1日を周期として変化していることをいう。このリズムは24時間周期で変化するが、外界の影響を遮断しても消失しないことから、生体時計の働きによって生み出されていると考えられている。

人は昼夜変化や社会集団などから隔離された条件下で時計なしの生活を送ると睡眠覚醒リズムの周期が24時間より長くなり、通常の照度（300〜500ルックス）のもとでは約25時間となる。この概日リズムを24時間周期に同調させるためには、5,000ルックス以上の光を浴びることが重要である。人は朝陽で1時間の位相の遅れを前進させ、行きすぎた時間を夕陽の光で調整し24時間周期に同調させると考えられている。しかし、生体リズムが昼夜の明暗周期と大きくずれたままに生活を送っていると、例えば睡眠時間帯が深夜に移動した生活が慢性化すると、不眠症や慢性疲労などの概日リズム睡眠障害となる。睡眠の質を満足している人43.4％に対し、不満である（少し不満、かなり不満、非常に不満の合計）が56.6％と半数以上が何らかの不満を訴えている（日本睡眠学会，2002）。

人体には体内時計が備わっており、睡眠-覚醒のリズムや体温変化、脳内でのメラトニン（睡眠を促すホルモン）分泌などの周期現象をコントロールして快適な生命活動を維持している。このような概日リズムはストレスや加齢、24時間明るい環境など生活スタイルの影響から乱れ、睡眠を妨害している。すなわち、快適な睡眠を得ようとすれば、ストレスや加齢などの人的要素のほかに、

光や音、騒音、室温・湿度などの就寝前後の周囲環境要素を整えることが重要である。とくに周囲環境の要素の中で睡眠と深い関係にあるのが「光（照明）」である。

日中に太陽光を浴びるとメラトニンの量が増加し、このメラトニンが夜暗くなると分泌して眠気を感じるようになる。しかし、就寝前に明るい照明の中で過ごすとメラトニンの分泌が抑制され、快適な睡眠を阻害する。

以上のことから、日本人が子ども、大人を問わず深夜型（遅寝）の生活スタイルへと移行している現代においては、1時間、30分でも早い就寝習慣を身につけることが重要である。睡眠時間を緩和し、健康な生活を取り戻すことは、夜間照明等のエネルギー節約、二酸化炭素排出量の削減にもつながる有効な方法となる。

*5　生活を自然に合わせる暮らし

夏季に地方時間を1時間進め、太陽の動きに沿った生活を送ることで、とくに夜間照明にかかる電力を削減しようとするサマータイム制度（day light saving system）は、欧米を中心に70か国以上で実施されている。日本でも終戦後GHQの指導で導入されたが、労働時間の延長につながるなど弊害に対する国民の声が高まり、昭和27年に廃止された経緯がある。一方2004～2006年にかけて導入実験を実施した「北海道サマータイム月間報告書（北海道サマータイム月間実行委員会）」によると、実施実験に参加した企業の経営者では約8割、従業員では7割が制度導入に賛成しているという結果がでている。

サマータイム制度の導入に関しては賛否両論の意見がある。省エネ、温室効果ガス削減効果があり、平成15年度試算での省エネ効果は原油換算93万キロリットル、二酸化炭素削減効果は約40万トンCO_2（(財)社会経済生産性本部，2004）という意見がある反面、寝る時間が遅くなるために夜間照明の使用が増える、帰宅時間が早まり家庭冷房需要が増大する、生活リズムが混乱する、といった意見もある。

サマータイム制度は、時計の針を国民すべてが1時間早め始業時間を前倒し

にする制度であるため、北海道から沖縄まで緯度・経度の異なる、すなわち太陽周期の異なる地域を同一時間で扱うという問題点を抱えている。サマータイム制度への評価は分かれているが、太陽光の有効活用が省エネ、二酸化炭素削減に大きな影響を与える点、太陽光は無尽蔵に地球に降り注ぎ生き物にとってもっとも重要なエネルギー源である点に関しては、国民の意見は一致するであろう。

しかし、現代の人々の暮らしは、照明等の普及などで太陽光の直接利用を疎かにするようになった。人々の活動時間帯が日射時間に比べ大きく後退し、早朝の太陽エネルギーを無駄にし、夕方以降に化石エネルギーを消費する生活スタイルへと大きく移行していった。人間の活動時間と日照時間が一致する生活スタイルを形成していくことが将来世代へこの地球を受け渡すために必要である。

国民すべてが針を進めなくとも、地域ごとの時の概念（江戸の不定時法）を参考に、地域ごとに異なる太陽周期、すなわち日の出、日の入りを基準にした生活スタイル（早寝、早起き）を促進していくことが大切である。朝早く起床し朝陽をいっぱい浴び、夜でなくともできることは早朝朝陽を浴びながら行動する。庭やベランダでの読書、新聞・雑誌、化粧、掃除・洗濯など、できることはたくさんある。その後、出勤・通学をすればよいのである。

全国一律に制度化するのではなく、地域に即した方法で一人ひとりが取り組む姿勢を喚起させることが大切である。一人ひとりの取り組みは、現代人の思うムダのない暮らしへとつながり、「自然を生活に合わせる暮らし」から「生活を自然に合わせる将来の暮らし」へ推し進めていくことができるのである。

江戸時代の暮らしを現代に当てはめるのではなく、江戸の知恵を現代社会にベストミックスすることで、自然の恵みを賢く使う社会を形成することが可能となるのである。

4 ⟫⟫ 自然の恵みを豊かにする社会

　現代の大量生産・大量消費・大量廃棄型の社会経済システムは、生産および利潤の拡大を目的として成立するものであり、一部先進国あるいは先進国の中でも一部都市域の富裕層に巨額の富と財を提供し続けている。その一方で、開発途上国や、先進国においては一部農山村地域において、経済や自然環境は疲弊し続けている。

　グローバル・エコノミーにおいては、土地は生産を行うための工場という資本としてとらえられることがあり、土地生産性を高めることに多くの努力が払われてきた。田畑は大規模な灌漑施設により水を供給し、大量の化学肥料を投入する「緑の工場」として取り扱われてきた。反対に、田畑として利用できないと判断された森林や湿地は経済的に無価値とされ、積極的に開墾・干拓して商業や工業地として都市化され活用されてきた。その結果、都市化社会では人口が過密化し、生態系は破壊され、地域環境は劣化し続けている。さらには、農村地域においても生態系は破壊され、地域の独自性は損失し、コミュニティの崩壊が起きている。

　このような現状の中、市場経済のグローバル化による弊害を緩和し、疲弊した地域の経済や生態系などの立て直しを図り、将来世代に安心して手渡すことのできる自然の恵みを豊かにする社会作りが緊急の課題となっている。

　ディープ・エコロジーの内面的思想を具体的なエコロジー実践活動と関連づけ、エコ・フェミニズム思想、すなわち、自然と共生してきたがために差別されてきた先住民族や女性問題という社会問題を改善し、バイオ・リージョナリズムの説く自分たちの暮らす地域の自然を見つめ直し、その地域独自の自然に適応したライフスタイルを確立させていくという、暮らしを自然に合わせる生き方が参考となる。そこでは、地域内の資源を活用しながら地域の循環型システムを構築し、地域独自の自然資源や環境といった素材を活用した、持続可能な共生社会を営むことが可能となる。

　自然界の共生のメカニズム「連鎖・循環・流れ」から形成される共生関係を

ヒントに共生社会のあり方を考えると、そのひとつの姿として、食糧生産の場としてのみの農業ではなく、本来の「農」の再生・活用が重要であることに気づく。農は食糧を供給する場としてのみならず、生物多様性に富む自然資源であり、持続可能な循環・共生社会の見本である。子どもであれお年寄りであれ、健常者であれ障害者であれ、すべての人々に役割に応じた働く場が用意されている。そして、すべての国々が自給自足を成し遂げれば、南北問題等に象徴される多くの問題、例えば貧困や飢餓問題も大きく改善されていくだろう。

農村地域の自然再生による共生社会作りに焦点を当て、その結果から導かれる都市と農村の将来のあり方について考えていく。具体的には、まず「農」の現状を世界の視点、日本の視点から俯瞰し、近代農業が農村の生態系、コミュニティに与えた影響について検討する。つぎに、都市・農村の理想的なあり方について考察し、環境への負荷を低減する都市・農村の構造を検討する。最後に、都市・農村を有機的につなぎ、自然の恵みを豊かにする社会の形成について言及する。

*1 農の現状
(1)世界の視点から

18世紀の末、イギリスのトーマス・ロバート・マルサスは「人口の原理」（マルサス,1885）の中でつぎのように指摘している。「人口は幾何級数的に増加するのに反し、食糧などの生活資源は算術級数的にしか増加しえない」。その後200年の月日が流れ、世界の人口はマルサスの時代の10億人足らずから現代では60億人を突破し70億人に達した。穀物の総耕地面積が1981年以降減りはじめてきたという事実を考慮すると、人類の食糧確保に関し危険信号が点滅しはじめたのは間違いない。21世紀には、農業がこれまでとまったく違った重要性を帯びることは確実と思われる。「食糧」とは、小麦や大豆、トウモロコシなどの穀物を中心とした主食物をさし、「食料」とは、食べ物全体のことで、穀物以外を含む用語である。

歴史は繰り返す、とよくいわれる。ここで「緑の革命（Green Revolution）」か

ら得た教訓を思い出してみる。1960年代から1970年代にかけて、アジアに代表される第三世界は急激な人口増加に食糧生産が追いつかず、大きな食糧需給危機に遭遇した。第三世界とは、米国を中心とする西側先進資本主義国家群（第一世界）とソ連を中心とする東側社会主義国家群（第二世界）に対し、第二次世界大戦後に独立を達成したアジア＝アフリカ諸国、そしてラテン＝アメリカ諸国の発展途上国国家群をさす。

　このような状況の中、ノーマン・ボーローグを代表とする科学者や政治家は、世界の食糧生産を高め、食糧不足から人類を救済することを目的とした農業革命を実行した。これがいわゆる「緑の革命」とよばれるものである。肥料を多くしても倒伏しにくい品種が開発され、食糧生産を単一化することで、単位土地面積あたりの収穫を数倍にあげることに成功した。この成功を機に、高収穫品種は第三世界に急速な普及を遂げることとなった。1974（昭和49）年にはインドが全穀物の自給化を達成するなど、飢餓に苦しむ人々の数は減少傾向をみせ、この革命は大成功を遂げているかのようにみえた。

　ところが、その後「緑の革命」が進むにつれ下記に示すようないくつかの問題点が浮上してくる（ジョージ，1984，シヴァ，1997）。

　はじめは、所得格差の拡大である。従来から生産し続けてきた在来種を扱う農法では必要としなかった大量の化学肥料・農薬を用いる新しい農業技術であったため、これらを買い揃えることのできる上・中層農家は恩恵を受けたが、貧農に属する多くの小農家に恩恵はなく、次第に没落していくという所得格差の拡大化が起こった。

　つぎは、環境への影響である。元来その土地の気候・風土に適した在来種を蒔き、家畜の糞を肥料とし、家畜の力で耕し作物を得るといった、いわば自然農法が継続されていた土地に大量の化学肥料・農薬を投入したため、生態系の破壊や水質汚濁などの環境問題が顕在化してきた。さらに、新しい農業技術は大規模灌漑施設を必要としたため、急激な地下水の汲み上げが地下水の減少、さらには砂漠化を促す結果となった。

　最後は、伝統的作物の変化により、人々の食生活に変化が起きたことである。

例えば、インドでは緑の革命以前はトウモロコシやキビなどを口にしていたが、小麦がそれらにとって代わることになった。その結果、伝統的作物だけでなく伝統的料理や調理法といった文化までもが衰退していくこととなった。

このように、「緑の革命」は食糧増産という目標は達成したが、その代償はとても大きいものとなった。

(2)日本の視点から

世界的に食糧が不足している状況の中で日本の現状はどうであろうか。ほかの先進国の多くの国が自給できているのに対し、日本はといえば供給熱量自給率はわずか40％で主要先進国中、最低の水準であり、農林水産省「諸外国・地域の穀物自給率（2007）」によると、穀物自給率は、世界177の国・地域中124番目という低水準である。供給熱量自給率とは、国民に供給された食料の総熱量のうち国内で生産された食料の熱量の割合のことである。畜産物については飼料の大部分を輸入穀物に依存しているので、供給熱量自給率を算出する際に飼料自給率をかけて輸入飼料による供給熱量部分を除いている。

数十年前の日本では、その地域で収穫された野菜や魚介類が食卓に上がっていることが一般的であったが、今では欧米型の食生活を楽しむ家庭が増え、肉が主流となった事をとっている。現在の家庭では日本国内で生産されている食材が食卓に上がるほうが珍しい状況にある。

この大きな原因のひとつに、国際分業論（柳田他，1987，前田，2006など）という考えがある。これは一言で表現すれば「日本は、食糧生産性の高い国に工業製品を輸出し、その見返りとして安い農産物を輸入すればよい」というもので、戦後、日本が推し進めていった政策である。その結果、国内での食糧生産は衰退し続け、残された農家は安いコストの輸入品に対抗するため高生産性を図ることによって低コスト化を推し進めることを余儀なくされた。高生産性を実現するために、「緑の革命」同様、大量の化学肥料・農薬に依存する農法を実践することとなり、生態系を破壊する農業へと変貌していった。さらに、農村を離れる若者の数も増大し、伝統的な農村の文化、コミュニティが手つかずのまま荒れていく結果も招いてしまった。一方、食糧輸出側の国々では、安い農産

物を生産し続けていく中で、日本と同様の理由で地域の自然、生態系を破壊し続けていくこととなった。一例として、先に述べたように日本人をはじめとするアジア諸国の人々が欧米型の食生活へ移行していく中で、ハンバーガーが世界的に安く大量に供給され続けてきたが、この理由のひとつに、安い牛肉を大量に得るために、中南米の熱帯雨林地帯を焼き払って作られた放牧場の牛を原料にしてきた背景があった。

＊2　都市・農村のあり方

上記でみてきたように、大量生産・大量消費・大量廃棄の社会経済システムの中で、都市、農村の生態系は衰退し、水質や大気は汚染され、人間やその他の生き物が暮らしていける豊かな環境は減少し続けている。現代の環境問題は個々人のライフスタイル、その集積した結果である都市・農村の環境問題、地球規模の環境問題に至る過程が有機的に複雑に連動しているため、地球環境問題を解決する方向へと導くためにも、都市・農村の抱える問題を解決する方策を見いだすことが求められている。

(1)ハワードの田園都市構想

都市、農村の地域再生に共通の課題は、自然を回復させ、自然と共生し、未来に向けて持続可能で共生型の都市、農村を再構築することである。

100年以上も前に、イギリスの社会学者エベネザー・ハワードが「田園都市論」(Howard, E., 1985) なる構想を提唱している。この考えは、上記の課題を解決するひとつの道標となるかもしれない。

周知の通り、19世紀の産業革命以来、ロンドンをはじめとするイギリスの都市の発展は異常なまでの成長を遂げた。その結果工場が林立し、煙突から排出される汚染物質により大気はひどく汚染された。また、生活雑排水は下水道施設の不備により浄化されずに直接河川へ放流された。豊かさを求め農村からは人口が流出し、それと同時に都市はスラム化していく。都市、農村の経済格差など多くの問題を抱え、解決の糸口さえ見いだすことができないでいた。農村社会の衰退化も大きな問題となっていた。

19世紀後半、このような現状を憂い1冊の本が出版される。ハワードの *Tomorrow ; A Peaceful Path to Real Reform*（明日——真の改革に至る平和な道）(Howard, E., 2003) である。その後、1902年には、改訂版である *Garden Cities of Tomorrow*（明日の田園都市）(Howard, E., 1985) を出版し、世界中に大きな反響を及ぼすこととなる。ハワードによる田園都市（Garden City）とは一般的には「田園からなる都市」あるいは「田園の中にある都市」として解釈されている。

　ハワードはこの中で、「過密で不健康な都市が私たちの行き着く場所ではなく、きわめて精力的で活動的な都市の利点と農村の美しさ・生産性が融合した田園都市が求められている」と述べ、「人々を都市に誘う力に対しては、人を都市に誘引する以上の力をもって都市集中を阻止しなければならない」、すなわち、「農村から都市への人口流出を抑制すること、都市よりも魅力的な農村の創造」が重要であると説いた。その実現のためには、都市の存在を否定するのではなく、都市と農村が「結婚」することが必要であるとしている。

　さらに、彼は「都市」、「農村」、「田園都市」を人々を引きつける磁石にたとえ、田園都市の理念を示した。これはハワードの「3つの磁石」とよばれている (Howard, E., 2003)。「3つの磁石」では、「都市」、「農村」の2つの磁石が長所と短所をもち合わせているのに対し、都市と農村が結婚した「田園都市」では、それぞれの短所は相殺され、それぞれの長所のみをもちうるという。

　ハワードは都市と農村の融合した田園都市の基本構想を示した。これによると、環状放射型の市街地の中心部に病院、図書館、美術館などの公共施設を配し、その周囲を中央公園で囲む。そして、その外側を住宅や学校、さらに外側を工場、市民農園や鉄道などを配置するとしている。そして、その周囲は農村地域へと続いていく。田園都市は農村に囲まれ、その農村は食料を都市に供給するとともに都市の進行を抑止する役目を、また、都市は農村に利便性を提供する役目を担う。これらの提案は、中世の原風景を残していた農村集落を参考にしながら、ロンドン郊外のレッチワースで具現化され、オーストラリアの首都キャンベラも田園都市構想が具体化されている（西山, 2002）。

いずれの場合も、農地に食糧生産の場としての単一な機能を求めるのではなく、レクリエーションやアメニティ機能をもたせると同時に、エネルギーの循環やリサイクル、田園都市内での自給自足といった物質循環を成立させ循環型の社会を築いていくという現代に通じる構想である。さらには、その実現に向けて健全な生態系の保全・再生による自然の自浄能力の回復を目的としている点が注目に値する。

(2)モリソンのパーマカルチャー構想

「パーマカルチャー」(Permaculture)とは、1979(昭和54)年にオーストラリアの生物学者でパーマカルチャー研究所所長のビル・モリソンが唱えた「人間にとっての恒久的で持続可能な環境を作りだすためのデザイン体系」のことである (Molison, B., 1997)。

パーマネント(永続的)、アグリカルチャー(農業)、カルチャー(文化)の複合語で、近代的な機能分化された暮らしを見直し、伝統的な農業の知恵と現代科学・技術の手法を組み合わせ、通常の自然の生態系よりも高い生産性をもった「耕された生態系」を作りだすとともに、人間の精神や社会構造をも包括した「永続する文化」を構築することを目的としている。

パーマカルチャーは、植物、動物、水、土、エネルギー、コミュニティ、建造物など、生活のすべてにかかわる事柄をデザインの対象とし、生態学的に健全で経済的にも成立するひとつのシステムを作りだすことで具現化していく。そのために、植物や動物の生態、そしてその生息・生育環境や人工建造物の特長を活かし、都市にも農村にも生命を支えていけるシステムを作りだしていく方法をとる。

パーマカルチャーで用いられる具体的なデザインの一例を以下に示す (Molison, B., 1993)。

① あらゆるものから排出される物質(ゴミ、汚濁水、し尿、廃熱など)を他のものにとって必要な物質(食料、肥料、暖房など)となるよう、すべてにつながりのある関係を築くこと。

② エネルギーや物質のインプットとアウトプットの流れは地域において循環

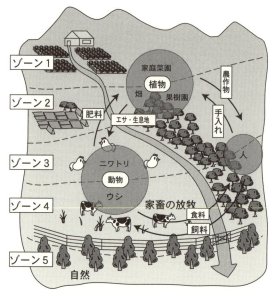

図5-6 パーマカルチャーの仕組み

し、このシステムから外へ漏れ出す物質を最小化する。

③動植物、建造物、道路など敷地内に配置される構成要素を、互いに孤立させることなく、互いに関連をもたせることにより、人間の移動等に要する余分な労力や資源消費を極力減らすこと。例えば、家屋を中心に、その周りには足を運ぶ回数の多い菜園や果樹園を設け、その周りにニワトリやウサギ、さらに外側にはウシやブタ、ミツバチなどを飼育する。もっとも外側には自然生態系と共生した自然保護区をデザインする（ゾーニングとよばれる手法、図5-6参照）。

④再生可能資源である動植物や自然エネルギーを有効に活用した適正技術を取り入れること。

⑤自然遷移の中で多様な植物を混栽的に育て、多様な植物を多様な時期に収穫できるシステムを取り入れること（近代農業は自然の遷移を止めて耕作や除草等に多大な労力とエネルギーを投入しているが、自然の流れに従う食物生産の方式を取り入れること）。

などを基本としている。

　この運動はオーストラリアを中心としてアメリカやイギリスなど先進国での自給自足型のコミュニティ作りに発展し、さらには、ネパールやベトナム、アフリカでのNPO活動も展開されている。

〈パーマカルチャーの基本要素〉
①自然のシステムをよく観察すること。
②伝統的な知恵や文化、生活を学ぶこと。
③上記要素に現代科学・技術の知識を適正に融合させること。
以上から、自然の生態系より生産性の高い「耕された生態系」を構築すること。

*3　自然の恵みを豊かにする都市-農村の構造

　比較的良好な自然を残してきた日本農村の生態系は、都市化の進行に伴い分断され、劣化し、自然のもつ浄化能力は低減し続けている。生活環境の悪化は社会環境を、さらには自然、地球の環境をも劣悪なものへと変化させていく。このような状況の今だからこそ、自然の恵みが豊かな生物多様性に富む地域作りが必要とされている。

　生き物と共存する地域作りには、生態系を再生するとともに自然の浄化能力を取り戻し、大気や水、土といった汚染された生活環境を浄化することからはじまる。そして、都市部、農村部において地域特性をもつ地域産業構造を環境配慮型へ移行させ、循環・共生型社会の構築を進めることにより、環境への負荷を低減する都市－農村の構造を作りだしていくことである。

　具体的には次のような取り組みが必要と考える。
・環境負荷の小さな都市作り
・里地里山の自然再生と地域作り
・エコロジカル・ネットワーク作りによる生物多様性の保全
以下に、順を追って説明していく。

(1) 環境負荷の小さな都市作り

　都市化の進展は都市から自然を排除するだけにとどまらず、農業を工業化させ農村の生態系をも破壊している。都市化された自然は人間活動の影響を強く受けた「都市生態系」とよばれ、自然の生態系とは異質なものとなる。

　都市生態系は、構成する生き物の種数や個体数に歪みのある特有な生態系を

構成し、一般的に次のような特徴をもっている。
　①生態系ピラミッドの上位に位置する種（高次消費者）が生息していないか、きわめて少ない。
　②環境変化に耐性をもたない種は消滅していく。
　③外来動植物など、以前には生息していなかった特有の種が出現する。
　④その結果、生態系を構成する生き物の種数や個体数が低減し、生物多様性が低下する。
都市生態系が作りだされる原因として以下のようなことが考えられる。
①生息地の破壊：破壊行為により生き物の生育・生息場所が破壊、消失する。
②生態系の分断：道路や宅地造成などの開発行為により、生育・生息場所が全滅しないまでも分断されたり細分化されることで孤立し、生態系が劣化していく。
③環境の変質：水質や大気、土壌の汚染、ヒートアイランド現象、地下水の低下などの環境の変質により、生育・生息場所の環境が自然度の高い環境を好む生き物にとって不利となっている。

　都市化の進行を阻止することは、農村の生態系を保全するためにも必要なことである。都市生態系を改善し、農村の健全で恵み豊かな自然を取り戻すためには、残存する生態系を保全し、それらを連結するエコロジカル・ネットワークの形成が重要となる。
　都市の構造は生活と一体であるため、環境負荷の小さな都市作りとは、言いかえれば市民生活をエコロジカルなライフスタイルに転換することにほかならない。それには子どものころからの環境教育や、地域の自然との触れ合いなどが不可欠であると同時に、地域住民との協働による「屋上緑化」、「環境共生住宅」、「環境共生都市」などの構築を推進させる必要がある。

(2) 屋 上 緑 化

　都市部のヒートアイランド現象を緩和し劣化する生態系を修復するためには、建築物の屋上などに設けられた人工地盤の緑化を推進していくことが重要である。都市部においては、屋上緑化により緑の絶対量を確保する必要がある。

国や地方自治体は、屋上緑化を支援する制度を設けたり、一定面積以上の建築物について屋上緑化を義務づける条例が制定されるなど都市緑化を推進していく方針である。2001（平成13）年には、国土交通省が「都市緑地保全法」を改正し、民間の緑化への取り組みを地方公共団体が支援する「緑化施設整備計画認定制度」を創設した。これは屋上緑化などを行おうとする民間人が緑化施設整備計画を作成し、市町村の認定を受けることで、固定資産税が軽減されたり助成制度や融資制度などを受けることができるものである。

　屋上緑化の効果は、
　・屋上コンクリート表面の日温度変化の軽減による、コンクリートのひび割れ抑制
　・屋上コンクリート温度の低下による室内温度の低下（冷房効果）
　・冷暖房用エネルギー消費量の低減
　・都市生態系の向上
などがあげられる。

(3) 環境共生住宅

　環境共生住宅推進協議会（KKJ）によると、環境共生住宅とはLow Impact、High Contact、Health Amenityを同時に達成する住宅のことである。

　Low Impactとは、地球環境へ与える負荷を最小限にすることであり、具体的には、
　・省エネルギーと自然・未利用エネルギーの活用
　・廃棄物の削減とリサイクルの推進による省資源化
　・水資源の適正な利用とリサイクルの推進
である。

　High Contactとは、周辺環境との調和を保つことであり、具体的には、
　・周辺の生態系への配慮
　・立地条件に応じた自然環境の創出・景観保全
　・地域社会との融合
である。

Health Amenity とは、居住環境の健康・快適性を維持することであり、具体的には、
- ・室内外の温熱・空気環境
- ・室内外の光・音・振動環境
- ・心の安らぎを得られる空間設計

である。

健康で快適な生活空間を求めながらも、省エネ、省資源化に努め、地域の生態系に負荷を与えぬよう常に配慮し、地域住民との連携により地域環境そして地球環境までも改善していこうとする試みである。

太陽光を利用した暖房や通風による涼房、雨水の有効利用、合併浄化槽などの設置にとどまらず、屋上緑化や庭のビオトープ化（生物の生息空間の創出）、さらにはそれらを緑の回廊でつなぐ緑のネットワーク化などを促進させ、生き物との共生をも視野に入れた住宅である。

したがって、高気密性構造や省エネ技術ばかりが卓越していても、建築時に多量のエネルギーを消費していたり、周辺生態系と断絶された空間となっていたりすれば、それはもはや環境共生住宅とはいえないのである。

(4) 環境共生都市

「環境共生都市」とは、"自然と共生できる都市"のことで、地球温暖化、酸性雨など深刻化する地球環境の問題を背景に、良好な生活環境や社会環境への地域住民の意識の高まり、ライフスタイルの変革などを通して、自然と共生することのできる都市を私たちの手で創出していこうとするものである。

建設省（現 国土交通省）は、1993（平成5）年度から環境共生モデル都市の指定を実施している（建設省, 1993）。つぎの要件を満たす市町村がモデル都市と決定され、環境負荷軽減（例えば、自然・都市エネルギー利用システム、下水道設備）や自然との共生（例えば、緑化、ビオトープの創出、都市公園の計画）およびアメニティの創出に対し、国からの補助を受け計画を実行することができるようになる。

①人口増加や業務機能等の集中が進行していたり、または見込まれ、都市環境の状況の変化が生じていたり、または見込まれる市町村
②早急に都市環境を改善する施策を講ずることにより、高い環境改善効果が見込まれる市町村
③3大都市圏または人口25万人以上の都市圏にある市町村または県庁所在都市

　都市の環境整備を計画的に進めていくためには、マスタープランとなる「都市環境計画」の策定が奨励されている。この計画では"野生動植物の生息状況"や"地域生態系"を把握したうえでの緑のネットワーク計画や、風向や気温などの都市の微気象データを踏まえた「風の道計画」など、従来の都市計画では十分検討されてこなかった都市作りが期待されている。
　「風の道計画」とは、大気汚染問題の解消を目的とし、ドイツのシュツットガルト市が策定した、風を利用して汚染、気温、湿度を制御しようとする試みである。シュツットガルト市はすり鉢状の形状を呈し、この地形が自動車の排ガスや夏季の暑熱を滞留させるという問題を抱えていた。そのため、大気の流れを都市計画により制御し、都市上空に滞留する汚染大気を一掃しようとする計画である。
　都市の環境負荷を低減させるためには、土地の高度有効利用が不可欠な要素となる。例えば、都市中心に人口の集積化を図り、その地域に対し環境共生都市作りを推進していく。そして、その内部の各家屋は周辺の生態系に調和した環境共生住宅とし、省資源、省エネルギー化も同時に図っていくこととなる。その際、「都市計画法」や「建築基準法」等の制度により、ある程度個人の自由を制限する必要も出てくると考えられる。
　都市に残された小規模な農地は、例えば「市民農園」として保全し、建築物の屋上や壁面の緑化地とつないでいく。こうして生き物の移動を可能とする環境を整備していくことにより、都市内に残る自然環境を積極的に保全、さらには再生することで、歪んだ都市生態系を改善していくことが可能となる。
　「市民農園」とは、一般的には普段自然との結びつきが希薄な都市の住民が

余暇を利用し自家用野菜や花などを栽培したり、子どもたちに体験学習をさせるといったさまざまな目的で利用される小規模の農園のことをいう。市民農園はヨーロッパでは古くから利用され、ドイツでは「クラインガルデン（小さな庭）」とよばれ、都市部に多数存在している。クラインガルデンは単に余暇を過ごす場としてだけでなく、都市域に残る小さく分断され孤立化した生態系をつなぐエコロジカル・ネットワークとしての役割を担っている（Ermer, K. 他、1996）。

　例えば、東京都内に残る小面積の農地は、都内の都市公園等の面積の1.5倍もあり、ヒートアイランド現象の緩和や雨水の浸透など都市環境の保全に貢献している一方で、単一作物を提供する緑の工場となりクラインガルデンとは質を異にしている。この土地をエコロジカル・ネットワークの基地とし利用することができれば、都市生態系も改善されるであろう。しかし、担い手の高齢化や税負担、安価な輸入農作物に押され、市街地の農地は減少を続けている。

＊4　里地里山の自然再生と地域作り

　田園都市を形成していくためには、環境負荷の小さな都市作りと同時に農村の環境を整えていく必要がある。

図5-7　里地里山を支える地域作り

　都市域と奥山自然との中間に位置し、農林業などによる人間の働きかけを通じ形成されてきた日本特有の二次的自然に里地里山がある。具体的には、集落を取り巻く二次林とその周囲に位置する田畑、溜め池、草原等で構成された地域をさす。一般的には、集落を取り巻く二次林を里山、里山に農地を含めた地域を里地

とよぶ。二次林は日本の国土の約2割、周辺農地を含めると4割と広い範囲に存在し、日本の自然を形成する重要な役割を担っている。国土の中間に位置するため、奥山自然へ人為を入れない緩衝地域として、また都市域への生き物の移動ルートとしての機能をもち、奥山と都市域を結ぶ生物多様性の動脈を担ってきた（図5-7）。

　かつては絶滅危惧種のメダカやトノサマガエル、ノコギリクワガタなどの小動物が多く生息する生物多様性に富む地域であり、地域の生活・文化を伝える、歴史的にみても重要な地域であった。里山を形成する谷戸は湧水が湧き出す水源地であり、人間をはじめとする多くの動植物に生息・生育場所を提供してきた。谷戸とは丘陵部に刻み込まれた湿地性の谷間のことで、湧水によってかん養されるため水田作りに利用されてきた。しかし、1995年から2000年にかけて農家人口は約1割減少し、農山村人口の減少には歯止めがかけられず、大都市周辺の里地里山では商業立地、住宅需要の増加などで市街地の拡大は進行し、さらには里山や谷戸も建設発生土や産業廃棄物の処分地に使われ急速に消滅しつつある。

　一方、奥山とは、自然に対する人間の働きかけが少なく自然性の高い地域である。原生自然が残存し、クマやカモシカなどの大型哺乳類が生息し、ワシ・タカ等の猛禽類が樹上を飛び交う国土の生物多様性を支える重要な地域である。自然林、自然草原を合わせた自然植生の多くが奥山に分布し、国土面積の約2割を占めている。奥山には固有種や遺存種が多く生育・生息し、絶滅の危機にある動植物を保全するうえでも、国土のエコロジカル・ネットワークを形成するうえでも重要な地域である。遺存種とは「過去の時代に栄えていた生き物が、現在でも何らかの形で細々と生き残っているもの」のことである。厳しい気象条件、立地条件の環境下にある生態系は小規模な人為に対しても脆弱であり、入山者が山岳道路以外に立ち入り踏みつけただけでも植生が修復するまでに多大な時間を必要とする。

　日本には手つかずの原生自然は少なく、多くは二次林、溜め池、草地など、人間の管理のもとに成立している里地里山の二次的自然である。これら多様な

生き物の生息環境が有機的に連結し、多くの生き物が育まれ、多様性に富んだ生態系が形成されている。とくに水田は浅い水深の湿地が形成・維持されるため、ドジョウやカエル、タガメなどの小動物の生息場所として不可欠な環境を提供している。

里地里山の生態系は常に人為の影響を受けることで成立しており、化学肥料に頼らない適切な農業や溜め池、水田の畦などの維持管理を積極的に行うことにより、独特な生息・生育環境を生みだしている。したがって、耕作を放棄すればタケやササ類の侵入等により生物多様性は低下し、人間活動によるかく乱の結果として生まれる多様な生息・生育環境を損失することになり生態系は崩壊していく。絶滅危惧種が集中して生息する地域の実に5割が里地里山であること（環境省自然環境局，2001）から考えても、この環境を保全し、あるいは再生することの重要性が理解される。

農業は、自然界の生き物を介在する物質の循環を促進する「自然循環機能」を利用することにより成立するので、生物多様性に大きく依存する活動である。逆に考えれば、農業は生物多様性に大きな影響を与える活動であるといえる。そして、農村地帯の生態系は、田植え、稲刈り、そして稲刈りが済んだ田んぼに最初に鍬を入れる「荒起こし」という作業や、「荒起こし」した土に水を加えかき混ぜる「代掻き」といった作業により、絶えずかく乱・回復を繰り返し健全さを維持している。したがって、農村の過疎化・高齢化などによる耕作放棄は、農村地帯の生態系を激変させ生物多様性に大きなダメージを与えることになる。

国は、1999（平成11）年の「食糧・農業・農村基本法」さらには2000（平成12）年策定された「食糧・農業・農村基本計画」を踏まえ、食料の安定供給の目的以外に「自然循環機能」の維持増進、ならびに「持続性の高い農業生産方式」を構築するため、

・農薬や化学肥料の使用料を減らす技術開発
・家畜排泄物、食品廃棄物、生ゴミ等の有機性資源のたい肥化、土作り

を進めている。都道府県知事から「持続性の高い農業生産方式」の認定を受け

た農業従事者は「エコファーマー」(農林水産省,エコファーマー制度)とよばれ、金融・税制上の特別措置が受けられる。また、2000(平成12)年度から地理的に生産労働条件が厳しい中山間地域における農業生産活動が継続的に行われるために、不利な条件を補正するための交付金を交付する「中山間地域等直接支払制度」が実施され、この交付金で田畑や水路などの維持・管理が行われている。

しかし、国からの補助金交付では対応できない問題も多く、農家を含む地域住民やNPOの自発的な維持管理、保全活動に頼るところが多いのが現状である。中山間地域とは、「平野の周辺部から山間部に至る、まとまった耕地が少ない地域」(農林水産省,1988)をさし、「山村振興法」または「過疎地域活性化特別措置法」によって「振興山村」または「過疎地域」に指定されている市町村のことをいう。日本の国土の7割に達し、農家戸数・農業粗生産額の約4割、森林面積の約8割を担っており、食糧供給、国土・環境の保全、居住空間や余暇空間の提供、地域文化の継承等の重要な役割を果たしている。

里地里山を保全するための制度としては、「自然公園」、「自然環境保全地域」、「鳥獣保護区」、「緑地保全地区」などのさまざまな制度があるものの、これらの制度は里地里山自体を直接保全するために設けられた制度ではないため限界がある。現時点では、後継者不足に悩む生産者と地域住民やNPOが協働し、持続的な里地里山の維持管理を行っていくことが現実的で大切なことである。

＊5　エコロジカル・ネットワーク作りによる生物多様性の保全

環境負荷が集中する都市地域においては、樹林、樹木、草などで覆われている緑被地の面積が減少し続けている。その結果、樹林地や水辺、屋敷林や社寺林、公園など都市内に残る貴重な自然が連続性を失い、浄化作用等の生態系が有する本来の諸機能が低下している。

都市地域において多様な生き物の生息・生育環境を保全、再生していくためには、残存する民有緑地の保全を図りながら、都市公園をはじめとした公共施設における緑の確保、創出や、建物屋上の緑化などを積極的に推し進める必要

がある。さらに、豊かな生物相を都市地域へ送り込む供給源としての農地や森林などと有機的につなぐことによりエコロジカル・ネットワークを作る必要がある。

　私たちが生態系を構成する一員であることを常に感じることができ、生態系を構成する全階層の生き物が暮らしていける社会を作りあげていくことが将来の国土の姿である。その実現のためには、市民と行政が協働することで、地域の活動から得られる効果を周辺の多様な自然環境・社会活動に波及させ、分断化された地域と地域を結ぶことでエコロジカル・ネットワークならびに社会的なネットワーク化を図り、健全なる国土の生態系を取り戻し、循環・共生型社会を営むための創造的な取り組みを継続することが不可欠となる。

　生態系のもつ本来の力を引き出し、持続的に地域内資源を産出していくためには、生態系を構成する個々のビオトープ（例えば、里山、河川流域、草原など）の健全性を取り戻すとともに、道路などの人工構造物で分断されたビオトープ同士をつなぐビオトープ・ネットワーク化の推進を図り、それを維持・管理する社会的ネットワークを形成することが不可欠である。

　生態系は地域固有の系をなすことから、地域からの発想による創意・工夫がなされてはじめてビオトープのネットワーク化が達成できる。生き物が自由に移動可能で生息できるようにするためには、個々のビオトープを保全、創出するだけにとどまらず、それぞれをつないで線・面的広がりとして考える「エコロジカル・ネットワーク」としてのビオトープとして位置づける必要がある。

　ビオトープ・ネットワークは、さまざまな規模・形状をもつ自然的要素を、面（核）・線（回廊）・点（拠点）として位置づけを与えながら構想することが有効である（図5-8）。

　かつては一面が森林や草地であったところに、都市、道路やゴルフ場などが侵入し自然の空間が破壊され寸断さ

図5-8　ビオトープ・ネットワークの概念図

れた。今や自然地は島のように点在するまでに減少した。残された自然生態系を保全するばかりでなく、あるべき自然のネットワークを計画し、都市・農山村の中に新たにビオトープを復元することが必要不可欠な状況に追いやられている。

　河川などはネットワークとしての役割をもたせるためにコンクリート護岸で固めず、緑豊かな空間を保持する必要があるし、道路は自然のネットワークを分断しないよう工夫し、動物のためのトンネルなどの道路を設けるべきである。このエコロードの整備の推進に関しては、動植物の分布状況等の地域の自然環境等に関する調査を踏まえたうえで、自然との調和を目指したルート選定等を行うとともに、自然環境の豊かな地域では必要に応じ、橋梁・トンネル構造物等、地形・植生の大きな改変を避けるための構造形式の採用を図ることが必要である。また、動物が道路を横断するための「けもの道」の確保、野鳥の飛行コースに配慮した植樹、小動物が落下しても這い出せる側溝、産卵池の移設等、生態系全般との共生を図るための構造・工法の採用を推進することが不可欠となる。さらに広い視野から日本全体の生き物の移動を踏まえて、県境を越えた森-川-海のネットワーク化が必要となろう。

　ビオトープの復元・創出にかかわる技術開発は、政策や計画を実行・実践しながら進められていくものである。地域性があり非常に複雑なシステムを対象にしなければならず、不確実性がとても高い。このため、マニュアル化して対処するのではなく、その場その場で技術開発しながら実行していかなければならない。その際、重要なことは、試行錯誤が許されるような政策実施のシステムが存在していることである。このシステムは、北米等では「アダプティブマネジメント（順応的な管理）」という政策手法として広く理解されている。また、その際、多様な主体（地元住民、NPO、行政など）の参加と、そのための意思決定フォーラムの仕組みが必要となる。

【参　考　文　献】

市川寛明編（2004）「一目でわかる江戸時代」小学館

伊東俊太郎編（1996）「講座文明と環境　第14巻　環境倫理と環境教育」朝倉書店
NHK 放送文化研究所（2005）「2005年国民生活時間調査報告書」
エーシーニールセン（2005）ニュースリリース「最も睡眠時間が短い国、日本。日本人は遅寝・早起き」
　（http://www.acnielsen.co.jp/news/documents/Sleeping_Pattern.pdf，2012年6月アクセス）
㈶エネルギー総合工学研究所「？を！にするエネルギー講座」
　（http://www.jae.or.jp/energyinfo/energydata/data1018.html，2012年6月アクセス）
太田美音（2006，7）「特集　平成18年社会生活基本調査を迎えて」総務省統計局「統計」
小原秀雄監（1995）「環境思想の系譜・3」東海大学出版会
R.L. カーソン（1974）「沈黙の春」新潮文庫
上口等，平野光雄（1978）「大名時計 NO.3、大名時計博物館報第3号」
環境共生住宅推進協議会（http://www.kkj.or.jp/contents/info_sh/intro_sh05.html，2012年6月アクセス）
環境省自然環境局（2001）「日本の里地里山の調査・分析について（中間報告）」
J. グドール（1994）「チンパンジーの森へ―ジェーン・グドール自伝」地人書館
J. グドール、J.T. モイヤー（2002）「森と海からの贈りもの―二人の『自然の使者』から子どもたちへ」ティビーエスブリタニカ
建設省（1993）環境共生モデル都市制度要綱
厚生労働省（2001）「平成12年　保健福祉動向調査の概況　心身の健康」
国連食糧農業機関（FAO）（2006）「Livestock's long shadow」
V. シヴァ（1997）「緑の革命とその暴力」日本経済評論社
㈶社会経済生産性本部（2004）「生活構造改革をめざすサマータイム　〜調査結果の概要〜」
社会生活基本調査報告（1976〜2001）「全国行動時間編」総理府統計局
S. ジョージ（1984）「なぜ世界の半分が飢えるのか　食糧危機の構図」朝日選書257，朝日新聞社
H.D. ソロー（1995）「森の生活」岩波書店　上・下巻
中江克己（2005）「お江戸の意外な生活事情」PHP 文庫
西山八重子（2002）「イギリス田園都市の社会学」ミネルヴァ書房
日本学術会議環境学委員会（2007）「生物多様性国家戦略改定に向けた学術分野からの提案」
日本環境会議（1997）「アジア環境白書」編集委員会編『アジア環境白書1997/98』東洋経済新報社
日本睡眠学会（2002）「睡眠実態調査2002」

日本環境会議（1997）「アジア環境白書1997/98」
J. ノルマン（1992）「地球は人間のものではない」晶文社
A. ネス（1997）「ディープ・エコロジーとは何か――エコロジー・共同体・ライフスタイル」文化書房博文社
農林水産省（1988）「農業白書」
農林水産省（1999）「食糧・農業・農村基本法」
J. パスモア（1998）「自然に対する人間の責任」岩波書店
W. フォックス（1994）「トランスパーソナル・エコロジー 環境主義を超えて」平凡社
福岡正信（1983）「自然農法わら一本の革命」春秋社
M. ブクチン（1996）「エコロジーと社会」白水社
北堂真子（2005）「良質な睡眠のための環境づくり 就寝前のリラクゼーションと光の活用」バイオメカニズム学会誌, Vol.29, No.4
C. マーチャント（1985）「自然の死」工作舎
前田芳人（2006）「国際分業論と現代世界 蓄積論から環境論・文化論へ」ミネルヴァ書房
松永勝彦（1993）「森が消えれば海も死ぬ」講談社ブルーバックス
T.R. マルサス（1885）「人口の原理」中央大学出版部
B. モリソン他著（1993）「パーマカルチャー農的暮らしの永久デザイン」農山漁村文化協会
柳田侃他著（1987）「国際経済論―世界システムと国民経済」ミネルヴァ書房
Berry, T. (1988) *The Dream of the Earth*, San Francisco, Sierra Club Books
K. Ermer 他（1996）「環境共生時代の都市計画 ドイツではどう取り組まれているか」技報堂出版
FAO（1996）*FAOSTAT Agricultural Data 1996*.
Howard, E. (1985) *Garden Cities of Tomorrow*, Attic Press.
Howard, E. (2003) *To-morrow: A Peaceful Path to Real Reform*, Routledge.
Mollison, B. (1997) *Introduction to Permaculture*, Ten Speed Press.

6 21世紀の共生社会を考える

1 >>> 自然環境と文化環境の調和する社会とは

　20世紀は科学技術を発展させることで、人間の生活様式を激変させてきた時代といえる。先進国や新興国とよばれる国々に住む人々は物質文明を謳歌し、地球規模で環境破壊を進行させてきた。一方、途上国とよばれる国々に住む人々は、従来の自然に寄り添う暮らしから、先進国の物質文明を支えるための下請け工場としての役割を担わされている格差社会が広がっている。

　地球においては、元来、"自然に生活を合わせる暮らし"の中で日々が営まれてきた。日の出とともに起床し、土を耕し、自らの手で自らの糧を得るという、いわば人として当たり前の暮らしを営んできた。しかし、現代のように、石油や石炭など地球上に偏在する資源を利用し生きていかねばならない暮らしにおいては、その資源を手に入れたものが一方に対し絶対なる地位を構築していく。すなわち、支配の構図を生みだすのである。当然のことであるが、地球の万人に平等に降り注ぐ太陽の光に暮らしの多くを委ねる従来の生き方は、格差が生まれにくい社会でもあるのだ。

　人類は約600万年前にサル類の系統から分かれ誕生したと考えられている。初期人類は狩猟採取社会の中で生きてきた。動植物の狩猟や採取を生活の基盤とし、農耕が開始された新石器時代までのすべての人類はこの社会の中で生きてきた。狩猟時代においては人は全く自然に依存した生活で、自然の営みに依存する関係にあった。

　今から1万年ほど前、氷期が終わり気候が温暖になると、祖先は、より安定的に食料を得ることのできる農耕・牧畜社会へと移行していく。広大な土地を獲物を追って生活する狩猟生活では、血縁関係で構成する小集団での生活が主となるが、定住し継続的に食料を確保するためには、自然を管理し、人間の役

割を管理することで効率的な土地利用を進化させていく必要があったと思われる。食糧をたくさん得ようとすれば、土地を開墾し、気候変動に強い栽培種を選び育て、収穫を迎えるための社会集団が形成されていく。農耕社会の到来は、効率的な土地利用の時代である。労働は過酷であるものの、狭い土地で多くの食糧が確保でき、多くの人々を養える。つまり、自然を管理することで集団を維持する社会なのである。すなわち、「自然環境を生活環境に合わせ変えていく」時代が訪れたのである。

人類は自然を自分たちに都合の良い環境に変えていくための知恵を手に入れようと努力する。これが自然科学、科学技術の始まりである。自然科学という思考様式を手に入れてから、次第に自然からの収奪の度合いを高め、現代の高度な文明の発達によって、地球環境問題という新たな大規模自然破壊を起こすに至ったのである。人間とは、本来、自然環境、文化環境、この二つの環境要素を同時にもつ動物なのである。この二つの環境の調和こそが、人間存在を確かなものにするのである。

今や地球は近くなった。これは移動する時間、情報の伝達する時間を意味していると思われる。1日もあれば世界中たいていの地域に出掛けることができる。数分、あるいは数秒あれば地球の裏側で起きた出来事を知ることができる。個々の地域で発達してきた文化も、グローバル化の波に巻き込まれ否応なしに文化間の融合や衝突が繰り返される時代となってきた。

人間とは、自然環境、文化環境、この二つの環境要素を同時にもつ動物であるのであれば、自然環境と文化環境をどのような考えの下で調和させていけばよいのであろうか。「多様性」という観点から考えていく。

2 ⟫⟫ 生き延びるための「文化的多様性」と「生物多様性」

過去数100万年、地球は4〜10万年周期で気候の大変動を繰り返してきた。氷河期と間氷期である。最後の氷河期は今から約1万年前に終了したが、このような自然環境の変化に適応するためには、多様な文化が存在していた方が有

利であると考えられている。最後の氷河期終了に伴い環境は氷河期と氷河期の間の間氷期に移行しているが、この時に、人類は旧石器時代の狩猟採取文化を脱し、定住集落、農耕・牧畜、さらには収穫した穀物を貯蔵する新たな技術を獲得し生き延びてきた。この文化は突如として現れたのではなく、少数ながらも氷河期の終わりごろから一部の温帯地域の文化圏で存在していた営みであった。すなわち、人類は、狩猟採取という家族的単位からなる画一・単一的な文化に依存してきたわけではなく、気候等の変動にきわめて柔軟に対応できる多様な文化の存在により生き延びてきたのである。つまり、多様な文化が共存していたからこそ、人類は遭遇するさまざまな環境変化を乗り越えたと考えられる。他とは異なる文化の複合体「文化的多様性」を生み出し、この多様性を維持すること、すなわち「多文化共生」は、将来起こりうる環境変化に適応しうる可能性を担保するという観点からみて、種としての人類の長期的生存に必要であったのである。

　一方で、生き物は、気候の変動により、例えば氷河期を乗り切るにあたり、寒さに弱い物ばかりであったのならば絶滅を迎えていたであろう。しかし、生物は生き残り、数100万種、あるいは数1,000万種と推定される種がこの地球上に繁栄を極めている。この現実をどのように考えていけばよいのであろうか。ここには「生物多様性」のメカニズムが関係している。

　地球上に生息する生き物は、約40億年に及ぶ進化の過程で多種多様に分化し、生息環境に応じた相互の関係を築きながら「生命のゆりかご」地球を形作っている。このような多様な生き物の世界を「生物多様性」という。「生物多様性」は単に生き物の数や種類が多様ということではなく、同一種内の生き物の遺伝子の多様性、さらには生き物と環境のつながりの多様性などをも含む広い概念である。

　「遺伝子の多様性」は種や個体群を構成し、「種の多様性」は「生態系の多様性」を構成する。そして「生態系の多様性」により複数の生態系を含み成立する「景観の多様性」が形成されているのである。

　同一の種であっても、生息する地域や気候、個体間によって形態や遺伝的形

態に相違がある。これを「遺伝子の多様性」という。種内に存在する遺伝情報の多様性、地域集団（地域個体群）の内部にみられる遺伝的情報の多様性を意味する。同じ種の生き物でも、品種の差や地域の環境に適した進化を遂げることにより遺伝的な差が生じる。このように同種の生き物の個体間にみられる形質の相違を「変異」とよぶ。変異には遺伝と無関係の「環境変異」と遺伝による「突然変異」がある。

　遺伝子レベルの多様性が乏しく画一的（遺伝的劣化）であると、寒さに弱い遺伝子で形成される集団は生き延びることができなくなったり、突発的な感染症などの発生に対しすべての個体が対応できずに死滅していったり、遺伝的に近縁の個体同士が交配する機会が増えることで繁殖力が低下したり、形質の弱い個体が生まれやすくなる（近交弱勢）。さらに遺伝的交流が途絶えることで近交弱勢が促進され、個体数の減少が生じて個体群の衰退がはじまる。最終的には生態系全体が崩壊していく。生息地の破壊・分断により地域集団に含まれる個体数が減少すると、偶然にある遺伝子をもった個体の役割が増え（遺伝的浮動）、その結果「遺伝子の多様性」は減少する。個体数が少ないときに、失われた多様性を回復させることは困難となる。

　また、生き物が在来の生息環境とは異なる地域に人為的に放流、放逐され、その土地に遺伝的に近縁な種がいれば交雑による遺伝子汚染が生じる。そして在来個体群の遺伝子の損失、つまりは「遺伝子の多様性」の損失となるのである。

　すなわち、人類がこの地球に生存している理由に「生物多様性」の仕組みがあり、気候変動等の環境変化においても生き残れる柔軟な遺伝子の仕組み「遺伝子の多様性」、そして生き物を絶滅に至らせる「近交弱勢」を回避する「遺伝的交流」が兼ね備わった社会が地球社会なのである。この実現には、画一的・単一的な文化で構成される地球においては困難であり、「文化的多様性」に富む社会の存在が不可欠なのである。

　結論として、人類を含む生物がこの地球上に生き延びていくためには、「文化的多様性」に支えられた「多文化共生」と「生物多様性」に支えられた「環

境共生」の両者の存在が必要不可欠なのである。

3 》》 持続可能な社会を実現する3つのバランス

　日本における「多文化共生」とは、アメリカやカナダ、オーストラリアなどの移民国家の社会統合理念としての「多文化主義」の考え方を取り入れたというより、浄土宗の「共生（ともいき）思想」に遡る「日本古来の文化（ものの見方・感じ方）」につながっていると考えられる。これは「生きとし生けるものはすべてつながりあい、支えあいながら共に生きている」という思想であり、「種の多様性、生態系の多様性がそれぞれの地域文化の多様性を生みだし、私たち人間もそのような様々な多様性の恵みを受けて、自然界の一員として生かされている」という考え方につながっている。浄土宗でいう「共生（ともいき）」とは、法然上人が師と仰いだ中国・唐時代の善導大師が示された教えの中の「願共諸衆生往生安楽国」の「願共」の「共」と「往生」の「生」を合わせて「共生（ともいき）」と表現しているが、現世での生きものとの共生ということだけではなく、もう一つ大切なことが含まれている。それは過去から未来へつながる"いのち"との共生である。すなわち、私たちにおいては、人類の共生は生きとし生けるものが共生する上で成立する社会であり、過去から未来へと連綿につながる社会を指すのである。

　総人口40億人の新興国（東南アジアやラテンアメリカさらに東ヨーロッパの国々）の消費者が先進国入りを目指している現在、12億人ほどの先進国人口が52億人に膨れ上がる時代が近いうちに来るかもしれない。今まで12億人が大部分を消費してきた資源やエネルギーを52億人で分配する時代、あるいは奪い合う時代がやってくるであろう。この地球を持続可能な社会に変え、次世代に受け渡す環境を整えることの大変さが実感できる。

　持続可能な社会を「現在・将来世代の人々の精神的・経済的自立を、人と人、人と自然の良好な共生関係の下に形成される地球生態系の収容能力の限界内で達成する社会」と位置付け、現代世代内、将来世代間、そして生態系とのバラ

ンスの取れた共生社会を実現することで達成される社会と考えている。
　具体的には、
　①現在世代内でのバランス（南北問題の解決：貧困、資源・財・環境の不平等の解決）
　②将来世代とのバランス（将来世代の活用する資源・環境などの収奪回避）
　③人と生態系とのバランス（自然界の環境容量・浄化機能能力の保持）
の"3つのバランスが取れた社会"であると考える。
　①の「現代世代内でのバランス」とは、「文化的多様性」に相当する。多様な文化が共存していたからこそ、人類は遭遇するさまざまな環境変化を乗り越えてきた。他とは異なる文化の複合体「文化的多様性」を生み出し、この多様性を維持する社会である「多文化共生」は、将来起こりうる環境変化に適応しうる可能性を担保するという観点からみて、種としての人類の長期的生存に必要である。
　②の「将来世代とのバランス」とは、浄土宗の「共生（ともいき）思想」に見られる「過去から未来へつながる"いのち"との共生」である。すなわち、持続可能な社会とは、人類の共生は生きとし生けるものが共生するうえで成立する社会であり、過去から未来へと連綿につながる社会を指すのである。
　③の「人と生態系のバランス」とは、「共生（ともいき）思想」にもみられる、「生きとし生けるものはすべてつながりあい、支えあいながら共に生きている」という思想であり、「種の多様性、生態系の多様性がそれぞれの地域文化の多様性を生みだし、私たち人間もそのような様々な多様性の恵みを受けて、自然界の一員として生かされている」という考え方である。
　述べてきたように、生物多様性が生物の生存にとって不可欠であるのと同様に、文化的多様性は人間が生きていくうえで必要な要素である。時代や地域により文化の形態は実に多様であり、生存という生物にとっての本能以外に、民族や社会がアイデンティティを確立するうえで欠かせない要素である。情報や経済のグローバル化に伴い、民族的、宗教的な対立が激化する一方で、文化的多様性は、自己のアイデンティティの確立にとどまらず、文化の交流、革新、創造の源として、人類に必要不可欠なものである。

4 》》》 「生物多様性」、「文化的多様性」と「言語多様性」の関係

現在、世界中で多くの言語が消滅の危機にさらされている。生態系の破滅は言語の死と平衡していて、言語が死ぬとともに、その言語が生まれた土地の生態系に関する知識が消え去ってしまう。

世界には約6,000の言語が存在するが、そのうちの50〜90％は、次の世紀をまたずして消滅すると危惧されている。6,000もの言語の4,000種類以上の言語は話者数が1万人以下しかおらず、それらの言語の多くは、開発と人口増加によって危機にさらされている"生物多様性ホットスポット"（原生の生態系の70％以上が失われた地域）と"原生自然地域"（多数の固有種が生息しており、比較的人間の影響を受けていない地域）に集中して存在している。

Nettle and Romaine（2000）によれば、大まかに言って、希少生物の多様な地域も、少数言語の多様な地域も、赤道を中心に分布している。一方、国毎の言語分布の（面積あたりの）密度も、やはり赤道を中心に南北回帰線に挟まれた範囲に集中している。

話者数が千人、百人単位の少数言語が集中している地域は、豊かな言語多様性をもつホットスポットであり、「東メラネシア諸島」、「西アフリカ・ギニア森林」、「インドビルマ」、「中央アメリカ」と「ウォーレシア」である。それぞれの地域は250種類以上の言語の発祥地とされている。さらに、ニューギニアの原生自然地域は976種類という最も豊かな言語多様性を誇っているが、そのうち4種類以外はすべてがそれぞれの地域に固有のものである。

地球の表面積の2.3％を占めるに過ぎない35地域のホットスポットには、世界の維管束植物の半分以上、そして脊椎動物の43％が生息し、そして陸上生物のうち、絶滅危惧IA類とIB類に指定される80〜90％が集中して生息している。このような地域には全言語の半分に相当する3,202の言語が存在している。そして、1950年以来世界で起きている紛争の80％以上は、このホットスポットで起こっている。同様に、地球の表面積の6.1％を占める原生自然地域には、維管束植物の17％、脊椎動物の6％、そして1,622の言語が存在している。絶滅

危惧種と少数派言語は同じ地域に集中している。

　人類にとって大切な生物多様性をもつ場所であるホットスポットは、とくに貧しい人々にとって生きるのに必要不可欠な自然の恵みを与える生態系サービスを提供してくれる場所であり、そこに多くの言語や文化が残っている。生物多様性の宝庫である地域は言語文化が豊かな地域でもあり、生物多様性の保全は、「それぞれの地域の自然や言語や文化の多様性を大切にする」ことから始まるともいえる。小さな民族の言語は生息地の破壊によって失われやすい。そして、言語が消失することは、地球規模で生態系が崩れている表れのひとつなのである。言語と文化の多様性、生物多様性の関係は非常に密接である。人と自然のかかわり方の多様性を将来世代に残していくことがとても大切であることが理解される。

5 》》　多様性を次世代に伝える教育

　多様性を次世代に伝える教育は重要である。環境・平和・開発・人権・多文化・ジェンダーなど一国では解決不可能な地球的諸問題が発生している現実のなかで、人と人、人と地域、人と自然の間の地球的な相互依存に気づき、地球上の多様な価値や文化を理解し、平等で平和な世界を自身が参加することで創造するための資質を育てるための教育が必要となる。

　「ワールド・スタディーズ」、「開発教育」や「グローバル教育」といったように、多様性を理解する教育は多岐にわたり進化を続けている。それぞれに南北問題を理解する、国際協力を理解する、多様性を理解するなど、主たる目的は異なるものの、最終目標は持続可能な社会を構築することにおいて同一であると考える。

　この地球上には多様な文化が存在し、多様な生き物が共生し、そして、人々が相互に依存しあう世界で責任ある生き方をするために必要な知識、姿勢、技能を身につけることが大切である。この目的を達成するために、たくさんの教育方法、教育運動が存在している。一例を示すと、次のようである。

・開発教育（Development Education）
・環境教育（Environmental Education）
・人権教育（Human Rights Education）
・平和教育（Peace Education）

以下に、それぞれの教育の概要を説明するが、定義は研究者により異なるところもあり、参考程度の紹介であることを述べておく。

＊1　開発教育（Development Education）

第三世界の南北問題や国際協力を理解するための教育活動として開始される。現在では、自分と地域と世界とのつながりを認識し、公正でともに生きることのできる地球社会づくりに参加するための教育学習活動として、学校教育、社会教育、市民活動の中で実践されている。

開発教育協会によると、開発教育の具体的目標は以下のようである（開発教育協会，2015）。

1. 開発を考えるうえで、人間の尊厳性の尊重を前提とし、世界の文化の多様性を理解すること。
2. 地球社会に見られる貧困や格差の現状を知り、その原因を理解すること。
3. 開発問題と環境破壊などの地球的諸課題との密接な関連を理解すること。
4. 世界のつながりを理解し、開発問題と私たちとの深い関わりに気づくこと。
5. 開発問題を克服するための努力や試みを知り、参加能力と態度を養うこと。

＊2　環境教育（Environmental Education）

環境教育推進法では「環境の保全についての理解を深めるために行われる環境の保全に関する教育及び学習」と定義されている。人間社会が自然と調和していくためには、人間だけでなく他の生き物も対象とする新しい倫理観が必要であり、この倫理に合致した態度と行動を培い、強化する教育のことである。

環境教育の4つの認識とは、以下に示すようである（スー・グレイグ，2015）。
1．地域の環境は地球生態系とつながっているという認識
2．人間社会のシステムと自然界のシステムはあらゆる面で相互作用の関係にあるという認識
3．環境に対するかかわり方について、西洋以外の文化に学ぶことが多くあるという認識
4．環境に配慮するような価値観、態度、技能を育てるという認識

＊3　人権教育 (Human Rights Education)

児童・生徒などの人権尊重のための知識、技術および態度を養うことを目的とする、あらゆる教育活動の総称である。「人権教育及び人権啓発の推進に関する法律」の中では、「知識の共有、技術の伝達、および態度の形成を通じ、人権という普遍的文化を構築するために行う、教育、研修および情報である」と定義されている（国連行動計画，2013）。

その要素として含まれるのが、次の3つである。
1．知識・技術……人権および人権保護の仕組みを学び、日常生活で用いる技術を身につけること。
2．価値・姿勢……価値を発展させ、人権擁護の姿勢を強化すること。
3．行動……人権を保護し促進する行動をとること。

つまり、一人ひとりの存在と可能性を大切にする明日の社会を形成するため、市民のエンパワーメントを目ざすのが人権教育といえよう。対象は広範囲にわたり、性差別、ジェンダー、いじめ、虐待、体罰、高齢者、障がい者、部落差別、民族問題、在日外国人、定住外国人、HIV感染者、医療事故、犯罪被害者、マスメディアやインターネットによる人権侵害などが含まれる。

＊4　平和教育 (Peace Education)

人間の生命の尊厳を否定する暴力に反対し、平和を愛し平和社会の実現に貢献しようとする人間を育てる教育である。単に戦争や武力抗争がないことのみ

ならず、軍事、経済、人種などに起因する紛争を協調と相互理解により、武力を用いず未然に防ぐ解決の手立てを求めようとする教育のことをいう。

環境教育をはじめとする地球的課題の解決を目的とする教育活動には、上記の教育などがある。これらの教育は1970年代以降、とくに1974年のユネスコ総会における国際教育の推進決議を契機に、国際的取組が強化されてきた（村上，2015）。

1980年代に入ると、地球環境問題の顕在化、グローバリゼーションの進展などとともに、これらの教育は相互不可分の関係にあることが再認識され、それぞれの重なり合う部分が「持続可能な開発のための教育（Education for Sustainable Development）」とよばれるようになった。

この教育は、持続可能な社会の実現を目指し、私たち一人ひとりが、世界の人々や将来世代、また環境との関係性の中で生きていることを認識し、よりよい社会づくりに参画するための力をはぐくむ教育である。持続可能な開発とは、現代の世代が、将来の世代の利益や要求を充足する能力を損なわない範囲内で環境を利用し、要求を満たしていこうとする理念である。

世界各国で生じている貧困、紛争、環境破壊や人権といったあらゆる問題を包括的に解決することを目指すことを目的に、2012年6月、ブラジル・リオデジャネイロにおいて「国連持続可能な開発会議（リオ＋20）」が開催された。その成果文書「我々の求める未来」の中で、ESDを促進することや2014年以降も持続可能な開発を教育に統合していくことを合意した。

持続可能な開発のための教育の考え方とは（文部科学省，2015）
1. 人格の発達や、自律心、判断力、責任感などの人間性を育むこと。
2. 他人との関係性、社会との関係性、自然環境との関係性を認識し、「関わり」、「つながり」を尊重できる個人を育むこと。

上記2つの観点がとくに必要であり、そのため、環境、平和や人権等のESDの対象となるさまざまな課題への取組をベースに、環境、経済、社会、文化の各側面から学際的かつ総合的に取り組むことが重要であると考えられている。

多種多様な生き物が相互にかかわりをもちながら形成される集合体が地球で

あり、その地球を支えているのが生物多様性、そして生態系である。自然の仕組みを理解し、その中に隠れている共生の仕組みを理解し、参考にして私たちの文化的多様性を構築していくことが、今後の人類の生き方を模索していくうえで重要である。自然の中には、私たちが忘れてしまった生きるヒントが数多く隠されている。

　生態系内では、個体で生きていくよりも遥かに強く生き残れる、双方に利益を得る共生の構造が存在する。この共生関係は生物間の敵対や競争よりも安定した社会であり、資源を取り尽くす心配のない関係にある。人間はヒトであり、ヒトは生態系を構成する一員であることを理解すれば、ヒトと、ヒトを制御する人間の共生関係を再構築することが、21世紀の共生社会を考える基盤となるのである。

【参 考 文 献】

Kaimowitz, D., B. Mertens, S. Wunder, and P. Pacheco,（2004）*Hamburger Connection Fuels Amazon Destruction*: Center for International Forestry Research.
Nettle D. and S. Romaine,（2000）*Vanishing Voices: The Extinction of the World's Languages*, Oxford, UK: Oxford University Press
米国科学アカデミー報告書「脅かされる言語（要約版）」(http://www.conservation.org/global/japan/news/Pages/ThreatenedLanguage.aspx, 2015年11月アクセス)
開発教育協会「理論編　開発教育って、なんだろう？」
　(http://www.dear.or.jp/de/qa01.html, 2015年11月アクセス)
スー・グレイグ他（1998）「環境教育入門」明石書店
村上千里「「持続可能な開発のための教育」推進の視点からみた環境教育推進法（http://www.env.go.jp/council/25kyouiku/y250-03/mat02-1.pdf, 2015年11月アクセス)
国連「人権教育のための世界計画」行動計画（http://www.mofa.go.jp/mofaj/gaiko/jinken/kyoiku/pdfs/k_keikaku3.pdf, 2013年12月アクセス)
文部科学省「ESD（Education for Sustainable Development）とは？」
　(http://www.mext.go.jp/unesco/004/1339970.htm, 2015年11月アクセス)

おわりに

　都市、農村地域の生態系が健全性を取り戻し、それらをつなぐことができれば国土の自然を再構築することが可能となる。森は川を育て、川は海を育てる。海の栄養素は蒸発して雲に乗り山へ運ばれる。海から川を昇り上流で朽ち果てるサケなどの遡上魚も海の栄養を森へと還している。森-川-海はつながっている。生命力を欠いた森は川そして海の命を奪う。森の生命力を再生することは、この自然界の大循環を取り戻すことにつながる。

　森-川-海の大循環を取り戻し維持していくには、自然の活力を有効に利用し、人を含む生き物たちの多様な要求に持続的に対応していくための管理が大切である。「生態系の多様性、健全性の維持」と「生き物たちの多様な要求への対応」を持続的にバランスさせることが重要で、両者の質的関係そして量的関係を十分に把握することが必要となる。そのためには、自然環境の状態を継続的に把握し、生態系の遷移の状況、生き物たちの生息・生育の状況、土壌の状態や水系の状況、人為的な活動の状況などの自然的・社会的データを収集・整備し、それらの量的な関係を分析して森と川と海をつなぎとめ、人と生き物たちが共生できる環境作りを実現させる必要がある。

　森-川-海の自然界の大循環を取り戻すために大切なことは、研究機関や農山漁村、流域市民等の人的ネットワークを構築し、多様性あふれる自然環境を取り戻し永遠のものとすることである。地域住民が身近な自然環境の現状を把握することにより地域を理解し、今自分たちが何をすべきかという問題意識を発芽させ、専門家による野生動植物の生態調査・研究を通じて得られた知見と融合させることにより、分断化された個々のビオトープを修復し、それぞれをつなぐことにより生き物たちが暮らしやすい環境を復元させ、人と野生動物が共存して暮らしていくための循環・共生型システムの形成を実現していくことになる。

　森-川-海をつなげることで生き物たちの回廊を作り、国土の保全や水資源の

かん養機能を再生し、教育・文化の場を作りだすといった自然の機能を活用することが可能となる。その結果、地域は地域内再生資源を活用した循環・共生型の社会を形成するだけでなく、環境教育やグリーン・ツーリズムなどを提供する場としての価値を有することになる。

共生社会を形成するうえでは、限られた共通の資源に依存して生活する生き物のあいだにみられる「競争排除の法則」や「共有地の悲劇」から脱却することが大切である。生きる力の強い生き物のみが生き残るか、すべての生き物が共倒れとなってしまう社会では、生物多様性に富む地球を形成することはできない。再度自然に目を向け、耳を傾けることで、生物多様性に富む共生社会の像を模索することが大切である。

生態系は初期の成長段階から安定した局面である極相に向かい遷移する。初期の成長段階は、水や土、光などの資源を利用し、次第に栄養塩類が蓄積していく段階である。その豊富な資源と空間を利用し、動植物の種数、個体数は増大し成長し続け、それに伴い生態系全体も成長を続ける。

生態系は、そこに生息・生育する動植物が増大するほど、その全体を維持するために植物が固定したエネルギーを大量に使うようになり、成長期は終焉を迎え安定期へと移行していく。最終的には固定化したエネルギーのほとんどを生態系維持のために消費するようになる。

これがエネルギーの流れからみた極相生態系の姿である。この段階では植物によって生産された有機物が食物連鎖の中で分解し尽くされる。すなわち、物質循環効率のよい生態系を形成している。

極相生態系は全体としてみれば遷移の進行が止まり、静的で落ち着いた印象をもつが、その内部では生態系を構成する種は子孫を残すために過酷な戦いを繰り広げ、効率的なエネルギー利用と物質循環を行うことで種の繁栄を達成しているのである。そして、この戦いが生物多様性を維持するのに非常に重要な意味をもっているのである。

台風や増水、地震などの自然現象により、極相林は倒木や土壌崩壊などのかく乱を受けることになる。その結果、極相林の一部に林冠の連続性が失われ「ギ

ャップ」とよばれる光の差し込む明るい場所が生じる。一部の樹林が自然枯死した場合も同様にギャップは生じる。ギャップが生じると、この空間を利用するための森林修復メカニズムが発動される。これが森林あるいは草原などの維持機能である。「先駆種」あるいは「ギャップ種」、「パイオニア」などとよばれるかく乱依存種がギャップめがけて周囲から降り注ぐ。

　陽生植物は明るいところまで移動して発芽しなければ子孫を残せないため、風で遠くまで飛ばされやすいように小さくて軽い種子をつけている。したがって分散力に優れているかく乱依存種は、生存競争の強い種がギャップを埋め尽くすまでに開花、結実し、またつぎのギャップへと分散することにより子孫を残していく。競争力の強い種は、ブナ、シイ、カシなどの極相植物（陰生植物）であり、ドングリのように大きくて重い種子を作り、暗い林床へそのまま落下して発芽、生育していける。

　ギャップ形成には「幹折れギャップ」と「根がえりギャップ」がある。幹折れの場合、樹冠部のみがなくなるので林床の光環境だけが大きく変わる。一方、根がえりの場合は、倒木により根元の土壌も掘り起こされるため、土壌中で発芽せずに休眠していた種子（休眠種子）が根がえりギャップ形成により地表面に現れ光を浴び、発芽するチャンスを得ることになる。このように、極相林の一部はかく乱により常に初期化されている。このため、遷移の途中相の樹種が極相林の優占種と共存できるのである。

　全体として安定して静的にみえる極相林ではあるが、実際にはその内部は絶えずかく乱を受け、さまざまな遷移段階にある場所がモザイク状に存在し、それが次の状態あるいは初期状態へと変化しているダイナミックな生態系なのである。

　生態系は、その遷移の過程で成長局面から成熟した極相に変化していくように、私たちもまた、成長型・競争型の社会から極相型・共生型へと相の変化をさせなければならない。極相生態系は、その存在を支えているさまざまな物質の循環効率を高度化し、エネルギーの流れの効率的利用を成し遂げたうえに成立する共生社会の姿なのである。そして、私たちは、人間であると同時にヒト

なのである。身の回りの自然から何かを感じ、自身の生き方を見直すことが求められているのである。

私たちの進むべき道　～自然界の仕組みをヒントに～

　人間の社会で起きているさまざまな問題を改善するために参考となるであろう自然界の仕組みを対応させまとめる。以下に示すように、本書の第3、4章で述べた人間の社会で起きている問題を本文から抽出し、便宜的に【地球環境にかかわる問題】、【生物多様性にかかわる問題】、【持続可能な社会にかかわる問題】そして【共生社会にかかわる問題】の4つの問題に分類し、それぞれに対し示した項目は、第1、2章で学んだ【自然界の仕組み】に対応させている。文末には、ここで取り上げた自然界の仕組みの内容を列挙しているので参照願いたい。

　いうまでもなく、自然界の仕組みを即人間の社会問題に適用することには無理がある。なぜならば、人間はすでに生態系を支配する側の立場にあり、周囲の生き物とはかけ離れた生きかたをしている場合が多いからである。さらには、そのほかの生き物と比べ複雑な感情を有するため、それがさまざまな問題を複雑にしている場合が多々あるからである。それでも、自然界の仕組みは私たちの将来を考えていくうえで多くの有益な示唆を与えてくれる。

　以下に取り上げる対応関係が答えではなく、人によりその解釈が異なるであろう。ひとつの考えかたとしてみていただきたい。関係のないものもあるかもしれないし、あるいは、すべてが関係しているのかもしれない。いずれにせよ、私たちは自然の発する声に謙虚に耳を傾け、自分たちの生きかたが周囲に与える影響を理解し、すべてがともに生きている現実を理解し、自分の生きかたに誤りがあると気づいたならば変えていく勇気が必要なのであろう。

地球環境にかかわる問題	自然界の仕組み
二酸化炭素濃度の上昇 　世界の人口は20世紀に入って4倍に、世界のGNPは20世紀後半だけで5倍に、エネルギー消費は8倍になっている。大気中の二酸化炭素濃度はこの16万年で最高レ	⇒種内関係：ロジスティック曲線 ⇒生物間相互作用

ベルに達している。	⇒生態系内での物質循環 ⇒陸上での炭素循環
資源の急激な消費 　1995年から1998年までの3年間の経済生産の伸びは、農業がはじまってから1960年までの1万年間の伸びを上回っている。世界でもっとも裕福な3人の資産の合計は、もっとも貧しい48か国の年間経済生産を合わせた金額を超えている。世界の水使用量は20世紀半ばから3倍になっており、あらゆる大陸で水の汲み上げすぎから地下水位が低下し続けている。21世紀には水を争奪するための戦争が勃発すると予想する人が多い。20世紀半ば以降、材木需要は2倍に、燃料材需要は3倍に、紙消費量は6倍に達している。森林が切り開かれていく結果、1日に40〜140種類もの動植物がこの「生命のゆりかご」地球から姿を消している。世界の重要な漁場15か所のうち11か所が、そして主要魚種の70%が乱獲のため瀕死の状況である。	⇒種間関係：競争排除の法則 ⇒共存を可能とするメカニズム：すみわけ ⇒共生を可能とするメカニズム：相利共生 ⇒競争の時代から共生の時代へ ⇒ギブアンドテイクの関係 ⇒遥かに強く生き残れる社会
食糧の不平等分配 　毎年500〜900万トンの食品ロスが日本一国から廃棄されている。一方、世界の飢餓人口は8億人、そのうち2万5,000人が毎日死んでいる。5歳未満の飢えている子どもたちは2億人で、その3分の1は学校にも行けずに、5秒に1人の速度で餓死している。世界全体の食糧援助量をみると、2001年度には1,100万トンであり、日本だけみても、年間最大900万トンの食品ロスを出しており、これは世界の食糧援助総量に匹敵する量である。 **飢餓問題** 　余剰食糧の多くが家畜のエサとして消費されている。人間の食糧となる穀物が家畜に与えられ、食肉文化が維持されている。牛肉、豚肉、鶏肉1キログラムを増やすために、エサとして約8キログラム、4キログラム、2キログラムの穀物（トウモロコシや大豆など）が必要となる。アメリカ人の穀物消費量は年平均800キログラムであるが、その5分の4以上が間接消費である。間接消費の穀物を人間の食糧に転用すれば、多くの人が飢餓から救われるのではないだろうか。しかし、世界の食肉生産は2000年の2億2,900万トンから2050年には4億6,500万	⇒競争の時代から共生の時代へ ⇒ギブアンドテイクの関係 ⇒遥かに強く生き残れる社会 ⇒生産者 ⇒分解者 ⇒自然界の物質循環 ⇒利用効率

トンに倍増する一方、乳生産量も5億8,000万トンから10億430万トンへ増加すると予測されている。

穀物の間接消費

　トウモロコシ23.6%、肉類25.5%と、世界で流通する約4分の1を日本一国で輸入する現状がみえてくる。トウモロコシの大部分は日本人が口にするものではなく、家畜のエサとして消費されている。牛肉を食べる1人の行為は、間接的に10人分の穀物と1,000人分の水を消費していることとなり、その多くは、輸入により他国の資源を消費していることになる。

南北問題：途上国の飢餓問題

　今、世界では8億5,000万人が飢え、10億人が肥満に苦しんでいる。現在の地球は、10食分の弁当を10人が分け合って食べていないことに大きな原因がある。すなわち、分配の不平等である。現在の地球は10人に対し約10食分の弁当を供給できる状況にある。しかし、問題は、先進国で暮らす2人が8食分の弁当を食べ、残し、捨てている一方、途上国で暮らす8人は2食分の弁当を分け合って食べている分配の不平等にある。分配の不平等は食糧だけにとどまらず、エネルギーや天然資源も同様である。穀物生産量は、1950年から2000年までに約3倍に増加している。しかし、飢餓問題は解決されない。

携帯電話とゴリラの涙 　携帯電話の普及がアフリカ、コンゴ民主共和国に生息するゴリラの個体数を激減させているという悲劇。たび重なる紛争の結果、森林生態系は破壊され続け、ゴリラやオカピたちは生息地を追われている。さらに、貧困層で構成され武器を所有するゲリラは、森の中でゴリラを見つけ次第射殺し自分たちの食糧（ブッシュミートとよぶ）としている。絶滅の危機が叫ばれているマウンテンゴリラは、1950年代に比べ生息数は半減し、現在では650頭程度しか生き残っていないと推測されている。	⇒遺伝子の多様性とは ⇒遺伝子の多様性の損失 ⇒消費者の物質収支 ⇒生態系の多様性を守る ⇒生物多様性の維持 ⇒生物多様性の危機 ⇒個体群の問題 ⇒生息地の問題 ⇒絶滅の可能性 ⇒個体群の有効サイズ ⇒ボトルネック効果 ⇒集団を保全する
ハンバーガー・コネクション 　米国の大手ハンバーガー業界が、安い牛肉を大量に得	⇒種間関係：食う-食われるの

るために、中南米の熱帯雨林地帯を焼き払って作られた牧草地で飼育される大量の牛を原料にしてきた現状があった。国連食糧農業機関や国際林業研究センターなどの調査によると、ブラジルにおける森林面積の圧倒的部分は牧草地への改変が原因であり、アマゾンの土地が非常に安価であることが、牛の飼育を儲かるものにし、熱帯雨林の開発を加速させてきたことが理解される。環境保護論者ノーマン・マイアーズ博士は、この過程を「ハンバーガー・コネクション」とよび、環境破壊の国際的なつながりを表現した。試算によると、「ハンバーガー1個を食べると、約9平方メートルの熱帯雨林を消滅させたことと同じ行為となる」という。	関係 ⇒自然界の物質循環 ⇒利用効率 ⇒生態系の多様性を守る ⇒生物多様性の維持 ⇒生物多様性の危機 ⇒個体群の問題 ⇒生息地の問題 ⇒絶滅の可能性 ⇒個体群の有効サイズ ⇒ボトルネック効果 ⇒集団を保全する
ビクトリア湖の悲劇 　「ダーウィンの箱庭」とよばれるほどの「生物多様性の宝庫」であったアフリカ最大のビクトリア湖が、先進国の胃袋を満たすために死の湖となってしまった悲劇。ビクトリア湖に生息していた約400種の草食性の魚は、肉食のナイルパーチに捕食され200種程度にまで生物多様性は低下していく。その結果、湖の生態系は壊滅的打撃を受け、自給自足的な生活を送っていた湖周辺の漁民の暮らしを極度に悪化させていった。	⇒安定な生態系 ⇒生態系の多様性を守る ⇒生物多様性の維持 ⇒生物多様性の危機 ⇒個体群の問題 ⇒絶滅の可能性 ⇒個体群の有効サイズ ⇒ボトルネック効果
イースター島の悲劇 　氏族間の争い、過度の森林伐採で文明が途絶えてしまった孤島の悲劇。イースター文明の消滅から得られる教訓は、島や地球という閉鎖系の空間においては、「閉鎖系内の物質は常に循環させ、廃棄物を最小限化する。すなわち、自然から借りた共有資源（例えば、森林資源）は自然に返す（自然を再生する）こと」、「自然の有する環境容量の範囲内で、生産・消費活動を継続する」ことが重要である。	⇒生物多様性が豊かな社会 ⇒生物間相互作用 ⇒安定な生態系 ⇒生態系の多様性を守る ⇒生物多様性の維持 ⇒生物多様性の危機 ⇒競争の時代から共生の時代へ ⇒ギブアンドテイクの関係 ⇒遥かに強く生き残れる社会
生物多様性にかかわる問題	**自然界の仕組み**
加速する絶滅速度 　現在の状況が改善されず将来に至るとすれば、1990年～2020年のたった30年間で、全世界の生物種の5～15%が絶滅すると予測している。現在、生き物の種数を仮に1,000万種と見積もっても、1日あたりに換算すると40	⇒絶滅カスケード ⇒生物間相互作用：相利共生 ⇒生物間相互作用：絶滅カスケード

〜140種もの生き物がこの地球から姿を消していくことになる。 **絶滅の危機：レッドリスト** 　2007年の環境省のレッドデータブックによれば、哺乳類の24%、鳥類の13%、爬虫類の32%、両生類の34%、汽水・淡水魚類の25%、陸・淡水産貝類の25%、維管束植物の24%が絶滅のおそれのある種に指定されている。日本の多くの野生生物は、現存する約4分の1が絶滅の危機に瀕している。	⇒生物間相互作用：キーストーン種 ⇒絶滅の可能性 ⇒ボトルネック効果 ⇒生物間相互作用 ⇒競争の時代から共生の時代へ ⇒ギブアンドテイクの関係 ⇒遥かに強く生き残れる社会
生物多様性の危機 　生物多様性は、主に以下に示す3つが原因で劣化が進行し、危機を迎えている。 ①第1の危機（自然に対する人為の働きかけが大きすぎる） ②第2の危機（自然に対する人為の働きかけが小さすぎる） ③第3の危機（移入種による生態系のかく乱）	⇒生物多様性の維持 ⇒不安定な生態系 ⇒個体群の問題 ⇒生息地の問題 ⇒移動の問題 ⇒遺伝子の多様性の損失
里地里山 　里地里山は国土の中間に位置するため、奥山自然へ人為を入れない緩衝地域として、また都市域への生き物の移動ルートとしての機能をもち、奥山と都市域を結ぶ生物多様性の動脈を担ってきた。 **生物多様性に富む里地里山** 　日本には手つかずの原生自然は少なく、多くは里地里山の二次的自然である。これら多様な生き物の生息環境が有機的に連結し、多くの生き物が育まれ、多様性に富んだ生態系が形成されている。とくに水田は浅い水深の湿地が形成・維持されるため、小動物の生息場所として不可欠な環境を提供している。 **里地里山の自然再生** 　里地里山の生態系は常に人為の影響を受けることで成立しており、化学肥料に頼らない適切な農業や溜め池、水田の畔等の維持管理を積極的に行うことにより、独特な生息・生育環境を生み出している。したがって、耕作を放棄すればタケやササ類の侵入等により生物多様性は低下し、人間活動によるかく乱の結果として生まれる多様な生息・生育環境を損失することになり生態系は崩壊していく。絶滅危惧種が集中して生息する地域の実に5	⇒生物多様性が豊かな社会 ⇒生物多様性の危機 ⇒生物多様性を保全する ⇒生態系の多様性を守る ⇒アンブレラ種 ⇒安定な生態系 ⇒集団を保全する ⇒エコロジカル・ネットワーク

割が里地里山であることから考えても、この環境を保全しあるいは再生することの重要性が理解される。	
エコロジカル・ネットワーク作りによる生物多様性の保全 　市民と行政が協働することで、地域の活動から得られる効果を周辺の多様な自然環境・社会活動に波及させ、分断化された地域と地域を結ぶことでエコロジカル・ネットワークならびに社会的なネットワーク化を図り、健全なる国土の生態系を取り戻し、循環・共生型社会を営むための創造的な取り組みを継続することが不可欠となる。 **エコロジカル・ネットワーク** 　生き物が自由に移動可能で生息できるようにするためには、個々のビオトープを保全、創出するだけにとどまらず、それぞれをつないで線・面的広がりとして考える「エコロジカル・ネットワーク」として位置づける必要がある。 **ビオトープ・ネットワーク化の推進** 　生態系のもつ本来の力を引き出し、持続的に地域内資源を産出していくためには、生態系を構成する個々のビオトープの健全性を取り戻すとともに、道路などの人工構造物で分断されたビオトープ同士をつなぐビオトープ・ネットワーク化の推進を図り、それを維持・管理する社会的ネットワークを形成することが不可欠である。	⇒生物多様性が豊かな社会 ⇒生物多様性の危機 ⇒生物多様性を保全する ⇒絶滅のメカニズム ⇒個体群の有効サイズ ⇒エコロジカル・ネットワーク
農の現状 　「緑の革命」により肥料を多くしても倒伏しにくい品種が開発され、食糧生産を単一化することで、単位土地面積あたりの収穫を数倍にあげることに成功した。この成功を機に、高収穫品種は第三世界に急速な普及を遂げることとなった。1974年にはインドが全穀物の自給化を達成するなど、飢餓に苦しむ人々の数は減少傾向をみせ、この革命は大成功を遂げているかのようにみえた。	⇒利用効率 ⇒生物多様性が豊かな社会 ⇒生物多様性を保全する
市民農園 　一般的には普段自然との結びつきが希薄な都市の住民が余暇を利用し自家用野菜や花などを栽培したり、子どもたちに体験学習をさせるといったさまざまな目的で利用される小規模の農園のことをいう。クラインガルデン	⇒生態系の多様性を守る ⇒生物多様性が豊かな社会 ⇒生物多様性を保全する ⇒生息地の問題

持続可能な社会にかかわる問題	自然界の仕組み
は単に余暇を過ごす場としてだけでなく、都市域に残る小さく分断され孤立化した生態系をつなぐエコロジカル・ネットワークとしての役割を担っている。	⇒集団を保全する ⇒エコロジカル・ネットワーク
共有地の悲劇 　生態系という共有地の中で繰り広げられる「競争排除の法則」を人間社会に発展させたものと考えることもでき、生きる力の強い人間同士が自由勝手に共有地である地球上で暮らそうとすれば、共倒れになる可能性が高いことを物語っている。共有地においては必ずしも、個人主義による自由競争は望ましくないことを示唆しているのである。	⇒共存を可能とするメカニズム ⇒生物間相互作用 ⇒競争の時代から共生の時代へ ⇒ギブアンドテイクの関係 ⇒遥かに強く生き残れる社会
3つの社会的選択 　資本主義的な民主主義国家における社会的選択の手法 ○政治的決定：政府などが適切な規制を加える「ヒエラルキー・ソリューション」 ○経済的決定：市場原理を活用する「マーケット・ソリューション」 ○慣習的決定：比較的小さい社会単位に適用される伝統的規制や慣習による「コミュニティ・ソリューション」 **共有地の悲劇からの教訓** ○限られた資源のもとでは、経済合理主義に基づいた行動は、社会全体を悲劇的な状況に向かわせること ○共有資源の分配の不平等が地球環境問題を複雑かつ深刻化させていること ○政治的決定や経済的決定の考え方を取り入れたうえで、人と人、人と自然の相互利益に配慮して地球を利用する制度を整備し、収奪的利用を抑制する仕組みを慣習的決定を参考に構築すること が重要であることが理解される。	⇒種間関係：競争排除の法則 ⇒共生を可能とするメカニズム：相利共生 ⇒共生と寄生 ⇒競争の時代から共生の時代へ ⇒生物間相互作用 ⇒ギブアンドテイクの関係 ⇒遥かに強く生き残れる社会 ⇒作用、反作用、相互作用
エコロジカル・フットプリント 　2000（平成12）年のエコロジカル・フットプリントを地球全体でみれば、実際に地球が供給可能な面積は一人あたり2.18ヘクタールであるのに対し、人間活動が踏みつけた面積は2.85ヘクタールであることがわかる。すなわち、地球の全人類を賄うエネルギー、食糧や木材などを得るために必要な生態系は、現在の1.3倍を要すると	⇒消費者の物質収支 ⇒利用効率 ⇒利用可能なエネルギー総量 ⇒食物連鎖 ⇒競争の時代から共生の時代へ ⇒ギブアンドテイクの関係

している。このように、地球の家計は赤字状態にあるのだ。もし、全人類が日本人並みの生活を営むこととなれば、2.7個分の地球が必要となり、地球は崩壊することになる。	⇒遥かに強く生き残れる社会
持続可能な社会 　「現在・将来世代の人々の精神的・経済的自立を、人と人、人と自然の良好な共生関係のもとに形成される地球生態系の収容能力の限界内で達成する社会」であり、現代世代内、将来世代間、そして生態系とのバランスのとれた共生社会を実現することで達成される社会と考える。実現のためには、「トリレンマの構造」を解くことが最も現実的な取り組みのひとつであると考えている。	⇒共存を可能とするメカニズム：すみわけ ⇒共生を可能とするメカニズム：相利共生 ⇒競争の時代から共生の時代へ ⇒生物間相互作用 ⇒ギブアンドテイクの関係 ⇒遥かに強く生き残れる社会 ⇒生物間相互作用：キーストーン種 ⇒作用、反作用、相互作用 ⇒生物間相互作用：相利共生
持続可能な社会の3つのバランス ○現在世代内でのバランス 　（南北問題の解決：貧困、資源・財・環境の不平等の解決） ○将来世代間のバランス 　（将来世代の活用する資源・環境などの収奪回避） ○人と生態系とのバランス 　（自然界の環境容量・浄化機能能力の保持） **共生社会3つのバランス** ○共生理念に基づく社会：生き物は強くなくとも生きていける、競争原理を超えた共生原理に基づく社会 ○自然の恵みを賢く使う社会：元金（現存する自然環境）には手をつけず、利子（自然の恵み）を効率的に運用する社会 ○自然の恵みを豊かにする社会：生物多様性を維持する社会	⇒種間関係：競争排除の法則 ⇒共存を可能とするメカニズム：すみわけ ⇒共生を可能とするメカニズム：相利共生 ⇒競争の時代から共生の時代へ ⇒生物間相互作用 ⇒ギブアンドテイクの関係 ⇒遥かに強く生き残れる社会
トリレンマの構造 　生態系に負担をかけず、次世代そして地域の経済、エネルギー需要を安定させるという困難な問題の解決にあたっては、「トリレンマの構造（3つのE）」を解く鍵を探すことが重要課題となる。経済成長を「従来型の消費	⇒自然界の物質循環 ⇒消費者の物質収支 ⇒自然界の物質循環 ⇒共生と寄生

経済の量的な拡大」としかとらえることができなければ、経済成長を続けるためにはエネルギー資源が消費され、環境への人為的負荷が高まってしまう結果しか生まない。	⇒絶滅力スケード ⇒生産者の有機物生産 ⇒消費者の物質収支 ⇒各栄養段階での物質収支
地球的公正 　現状の資源制約や環境制約を前提とし、南北間そして世代間の公平を考慮して、貴重な資源を人間一人ひとりがどの水準で利用すべきかを考え、実行していこうというものである。その結果として、経済と環境そしてエネルギーの調和する社会を構築することである。 **環境容量** 　「将来の世代の資源利用の権利を奪うことなく、どの程度のエネルギー、資源などの利用や消費活動、そして環境汚染が許されるのか、それを世界中の人々が公平に与えられる一人あたりの利用許容限度を算出する」ものである。そして、算出された環境容量の範囲内でライフスタイルや生産・消費の様式をどう変えていくか、さらには技術開発の進め方や産業構造の改変などについて考え行動する具体的な計画である。 **環境効率性** 　「環境効率性」とは、経済活動の環境負荷の軽減を実現するための取り組みであり、「可能な限り資源・エネルギーの使用を低減し効率化することにより、経済活動の環境負荷を低減すること」を意味している。同じ機能や役割を果たす製品やサービスの生産を比べた場合、それに伴って発生する環境への負荷が小さければ、それだけ「環境効率」が高いことになるという考え方である。そのためには、エネルギーや食糧などの浪費を抑制し資源の再利用を徹底させ、省エネ技術や再生可能エネルギー（太陽、水、風など）を積極的に進展させ、社会経済システムの変革を成し遂げる必要がある。さらには、企業自体の体質を「社会的企業（ソーシャル・エンタープライズ）」へと変革する必要がある。	⇒利用効率 ⇒生態系内でのエネルギーの流れ ⇒利用可能なエネルギー総量 ⇒生態系 ⇒生態系内での物質循環 ⇒陸上での炭素循環 ⇒生態系の多様性を守る ⇒アンブレラ種 ⇒生物多様性の維持 ⇒安定な生態系 ⇒不安定な生態系 ⇒生物多様性が豊かな社会 ⇒生物多様性の危機 ⇒絶滅のメカニズム ⇒絶滅の可能性 ⇒エコロジカル・ネットワーク
循環型再利用 　循環型社会は、モノの流れを系から外へ発散させていく従来型ではなく、系の中で回す循環型のシステムである。広い系の中でモノを回すとエネルギー効率が悪く損	⇒生産者・消費者・分解者 ⇒生産者 ⇒分解者

失が大きい。したがって、人間社会でいうところの循環型社会はグローバルな世界で形成させることは難しい。自然から得ることのできる林産物や農産物に代表される再生可能な資源としての地域資源を、その地域内で活用する社会が望ましい。	⇒自然界の物質循環 ⇒生態系内でのエネルギーの流れ
循環型社会 　「人間の活動が、できるだけ自然の物質循環を損なわないように配慮し、環境を基調とする社会システムを構築していく経済社会」のことで「大量生産・消費・廃棄の暮らしを改め、環境に排出される廃棄物の量を最小限とし、その質を環境に影響のないものへと変換していくシステムを構築していく経済社会」である。 **ムダのない自然界の物質循環** 　生態系を支える基礎は植物であり、植物は太陽エネルギーと水、土壌中の栄養塩で自己増殖が行える唯一の生き物（生産者）である。生産者が増やした資源量（葉量など）で養える個体数の草食動物（第一次消費者）が増加し、増えた草食動物の数で養える第二次消費者（肉食動物）が増えていくという仕組みである。すなわち、自然界の仕組みは、自然が生み出す利子（植物の生長量、動物の個体数増加）を利用し、高次の生き物が成長するというもので、大規模な気候変動などなければ、各栄養段階を構成する生き物の量は大きく変わることはない。また、各栄養段階から出される死骸や排出物は、すべて土壌中の微生物により分解され栄養塩となり、再び植物の栄養として利用される。	⇒生産者 ⇒分解者 ⇒生産者・消費者・分解者 ⇒自然界の物質循環 ⇒消費者の物質収支 ⇒生態系内でのエネルギーの流れ ⇒各栄養段階での物質収支
江戸時代の人々の暮らし 　「生活を自然に合わせる江戸時代」と「自然を生活に合わせる現代生活（過剰な夜間照明など）」とを比較検討することにより、バランスがとれた社会のあり方を模索する。 **生活を自然に合わせる暮らし** 　太陽光は無尽蔵に地球に降り注ぎ生き物にとってもっとも重要なエネルギー源である。しかし、現代の人々の暮らしは、照明等の普及などで太陽光の直接利用を疎かにするようになった。人々の活動時間帯が日射時間に比べ大きく後退し、早朝の太陽エネルギーを無駄にし、夕	⇒利用可能なエネルギー総量 ⇒各栄養段階での物質収支 ⇒生産者の有機物生産 ⇒生態系内でのエネルギーの流れ

方以降に化石エネルギーを消費する生活スタイルへと大きく移行していった。人間の活動時間と日照時間が一致する生活スタイルを形成していくことが将来世代へこの地球を受け渡すために必要である。	
江戸の知恵を現代社会にベストミックス 　朝早く起床し朝陽をいっぱい浴び、夜でなくともできることは早朝朝陽を浴びながら行動する。江戸時代の暮らしを現代に当てはめるのではなく、江戸の知恵を現代社会にベストミックスすることで、自然の恵みを賢く使う社会を形成することが可能となるのである。	
「文化的多様性」と「生物多様性」 　人類がこの地球に生存している理由に「生物多様性」の仕組みがあり、気候変動等の環境変化においても生き残れる柔軟な遺伝子の仕組み「遺伝子の多様性」、そして生き物を絶滅に至らせる「近交弱勢」を回避する「遺伝的交流」が兼ね備わった社会が地球社会なのである。この実現には、画一的・単一的な文化で構成される地球においては困難であり、「文化的多様性」に富む社会の存在が不可欠なのである。 　結論として、人類を含む生物がこの地球上に生き延びていくためには、「文化多様性」に支えられた「多文化共生」と「生物多様性」に支えられた「環境共生」の両者の存在が必要不可欠なのである。	⇒遺伝子の多様性 ⇒種の多様性 ⇒生態系の多様性 ⇒生物多様性の維持 ⇒生物多様性の危機 ⇒生物多様性が豊かな社会 ⇒生物多様性を保全する ⇒生態系の多様性を守る
「生物多様性」、「文化的多様性」と「言語多様性」 　生物多様性の宝庫である地域は言語文化が豊かな地域でもあり、生物多様性の保全は、「それぞれの地域の自然や言語や文化の多様性を大切にする」ことから始まるともいえる。小さな民族の言語は生息地の破壊によって失われやすい。そして、言語が消失することは、地球規模で生態系が崩れている表れのひとつなのである。言語と文化の多様性、生物多様性の関係は非常に密接である。人と自然のかかわり方の多様性を将来世代に残していくことがとても大切であることが理解される。	
多様性を次世代に伝える教育 　多様性を次世代に伝える教育は重要である。環境・平和・開発・人権・多文化・ジェンダーなど一国では解決不可能な地球的諸問題が発生している現実のなかで、人	⇒ギブアンドテイクの関係 ⇒共存を可能とするメカニズム：相利共生

と人、人と地域、人と自然の間の地球的な相互依存に気づき、地球上の多様な価値や文化を理解し、平等で平和な世界を自身が参加することで創造するための資質を育てるための教育が必要となる。	⇒遥かに強く生き残れる社会 ⇒生物多様性の維持 ⇒競争の時代から共生の時代へ ⇒生物多様性が豊かな社会
共生社会にかかわる問題	自然界の仕組み
ディープ・エコロジー 　人間中心主義から人間非中心主義への転換を説く実践型の環境保護思想である。「環境問題の解決には現代の社会経済システムと文明を変革することが不可欠であり、その実現に向けては、西洋の自然支配主義から生命相互が共生する社会へ変換することが重要で、人と自然のつながりを感じ取り、生きることの真の意味を問い、ライフスタイルを変換することにより、正しい世界観を再発見することなしには解決されない」とするものである。具体的には、ウィルダネス（原生自然）に触れ、そのエネルギーを感じ取ること、自分たちが暮らす地域の自然を真剣に見つめ、その地域独自の自然に適応したライフスタイルを構築することなどを求めている。	⇒相利共生の関係 ⇒生物間相互作用：キーストーン種 ⇒ギブアンドテイクの関係 ⇒遥かに強く生き残れる社会
農業の自然循環機能 　農業は、自然界の生き物を介在する物質の循環を促進する「自然循環機能」を利用することにより成立するので生物多様性に大きく依存する活動である。逆に考えれば、農業は生物多様性に大きな影響を与える活動であるといえる。農村の過疎化・高齢化などによる耕作放棄は、農村地帯の生態系を激変させ生物多様性に大きなダメージを与えることになる。 **バイオ・リージョナリズム** 　国境、県境といった行政的な境界で区切られた地域ではなく、集水域や河川流域といった生態的つながり、あるいは歴史や風土といったまとまりをもつ地域（バイオ・リージョン）の特徴や環境特性を保つための制約条件に、食糧、エネルギー、産業、交通などあらゆるものを人間側が適合させることにより、地域を持続的に運営していこうとするものである。その際、地域内の資源を活用しながら地域の循環型システムを構築し、地域独自の自然資源や環境といった素材を活かした地域独自の産業や教育を確立し、持続可能な営みを達成しようとするもので	⇒共存を可能とするメカニズム：相利共生 ⇒生産者 ⇒分解者 ⇒生産者の有機物生産 ⇒消費者の物質収支 ⇒各栄養段階での物質収支 ⇒自然界の物質循環 ⇒利用効率 ⇒作用、反作用、相互作用 ⇒生態系内でのエネルギーの流れ ⇒利用可能なエネルギー総量 ⇒食物連鎖 ⇒生態系内での物質循環 ⇒生物多様性の維持 ⇒生物多様性が豊かな社会 ⇒エコロジカル・ネットワーク

私たちの進むべき道　187

ある。
パーマカルチャー
　近代的な機能分化された暮らしを見直し、伝統的な農業の知恵と現代科学・技術の手法を組み合わせ、通常の自然の生態系よりも高い生産性をもった「耕された生態系」を作りだすとともに、人間の精神や社会構造をも包括した「永続する文化」を構築することを目的としている。そのために、植物や動物の生態、そしてその生息・生育環境や人工建造物の特長を活かし、都市にも農村にも生命を支えていけるシステムを作りだしていく方法をとる。

都市・農村のあり方：都市と農村の結婚 　ハワードは「人々を都市に誘う力に対しては、田園都市が人を都市に誘引する以上の力をもって都市集中を阻止しなければならない」、すなわち、「農村から都市への人口流出を抑制すること、都市よりも魅力的な農村の創造」が重要であると説いた。その実現のためには、都市の存在を否定するのではなく、都市と農村が「結婚」することが必要であるとしている。	⇒自然界の物質循環 ⇒生産者・消費者・分解者 ⇒生物多様性が豊かな社会 ⇒生物多様性の危機 ⇒生物多様性を保全する ⇒エコロジカル・ネットワーク
都市・農村のあり方：田園都市論 　農地に食糧生産の場としての単一な機能を求めるのではなく、エネルギーの循環やリサイクル、田園都市内での自給自足といった物質循環を成立させ循環型の社会を築いていくという現代に通じる構想である。さらには、その実現に向けて健全な生態系の保全・再生による自然の自浄能力の回復を目的としている点が注目に値する。	
自然の恵みを豊かにする都市-農村の構造 　生き物と共存する地域作りには、生態系を再生するとともに自然の浄化能力を取り戻し、大気や水、土といった汚染された生活環境を浄化することからはじまる。そして、都市部、農村部において地域特性をもつ地域産業構造を環境配慮型へ移行させ、循環・共生型社会の構築を進めることにより、環境への負荷を低減する都市-農村の構造を作りだしていくことである。	
環境負荷の小さな都市作り 　言いかえれば市民生活をエコロジカルなライフスタイルに転換することにほかならない。それには子供のころ	⇒生態系内でのエネルギーの流れ

からの環境教育や、地域の自然との触れ合いなどが不可欠であると同時に、地域住民との協働による「屋上緑化」「環境共生住宅」、「環境共生都市」などの構築を推進させる必要がある。 **環境共生住宅** 　太陽光を利用した暖房や通風による涼房、雨水の有効利用、合併浄化槽などの設置にとどまらず、屋上緑化や庭のビオトープ化（生物の生息空間の創出）、さらにはそれらを緑の回廊でつなぐ緑のネットワーク化などを促進させ、生き物との共生をも視野に入れた住宅である。	⇒利用可能なエネルギー総量
企業間競争 　企業は競争しない状態を作ることによって利益率を高められると考える。すなわち、「分けること（すみわけ）」と「共生すること」が競争戦略として重要であり、具体的には、ニッチ戦略、不協和戦略、協調戦略の３つがある。 **企業の将来** 　たとえば、障がい者や高齢者の社会参加を考えてみる。バリアフリーのための施設整備、職業訓練にかかる経費、生産性などを考えると、企業の経済効率性の観点からはマイナスのイメージとなる場合がある。厳しい企業間競争を勝ち抜く競争力を減少させる可能性があるからだ。一方で、多様な人材の社会参加により多様なネットワークが広がることで、企業の活躍する分野が広がる。例えば女性の少ない分野に女性を登用し、彼女たちの感性を最大限に引き出すことにより、既存の社会にはなかったが本当に必要な社会貢献ビジネスが生み出されていくという、社会の活力を最大限に引き出す仕事づくりにつながっていくであろう。	⇒相利共生の関係 ⇒共存を可能とするメカニズム：相利共生 ⇒共存を可能とするメカニズム：すみわけ ⇒共生と寄生 ⇒ニッチ ⇒遥かに強く生き残れる社会 ⇒競争の時代から共生の時代へ ⇒ギブアンドテイクの関係 ⇒種間関係：競争排除の法則 ⇒生物間相互作用

【参考：自然界の仕組み】

遺伝子の多様性とは

　遺伝子レベルの多様性が乏しく画一的（遺伝的劣化）であると、突発的な感染症などの発生に対しすべての個体が対応できずに死滅していったり、遺伝的に近縁の個体同士が交配する機会が増えることで繁殖力が低下したり、形質の弱い個体が生まれやすくなる（近交弱勢）。さらに遺伝的交流が途絶えることで近交弱勢が促進され、個体数の減少が生じて個体群の衰退がはじまる。最終的には生態系全体が崩壊していく。

遺伝子の多様性の損失	

　生息地の破壊・分断により地域集団に含まれる個体数が減少すると、偶然にある遺伝子をもった個体の役割が増え（遺伝的浮動）、その結果「遺伝子の多様性」は減少する。個体数が少ないときに、失われた多様性を回復させることは困難となる。また、生き物が在来の生息環境とは異なる地域に人為的に放流、放逐され、その土地に遺伝的に近縁な種がいれば交雑による遺伝子汚染が生じる。そして在来個体群の遺伝子の損失、つまりは「遺伝子の多様性」の損失となるのである。

種内関係：行動形態

　個体群の形態をとることで外敵に対する警戒や防御、食物の確保、生殖活動の容易化などの利点がある。個体群の中では生活空間や食物や配偶者を獲得し合う「種内競争」や、食物や巣の確保のために一定空間を占有し他の個体を排除する「なわばり制」、個体間に優劣ができ、それによって秩序が保たれる「順位制」などの行動形態がみられる。

種内関係：ロジスティック曲線

　個体群は、適当な生息環境と食べ物があれば、個体数や個体群密度は増加していく。これを「個体群の成長」という。しかし、実際には個体群はある時期を境に増加率が低下し、成長は抑制される。このため実際の成長曲線はS字状の曲線（ロジスティック曲線）となる。これは、個体数が増えると食べ物や生息空間を巡って個体間の競争（種内競争）が発生し、エサ不足、排出物の増加、さらにはなわばり争いや順位制の機能がマヒすることによる秩序の乱れなどによる結果であると考えられている。このように、一般的には個体群は環境から受けるさまざまな作用で個体群密度は平衡が保たれることとなる。しかし、地滑りや山火事あるいは外来種の侵入などによる生息地の破壊や、エサ不足により個体群は崩壊していく。一方で天敵が絶滅したり、新たなエサが供給されると爆発的に増加していく場合もある。

種間関係：食う-食われるの関係

　捕食者は1種類の生き物しか食べないかというとそうでもなく、ふつうは複数の生物種をエサにしている。このような場合、「食う-食われるの関係」が1本の鎖ではなく複雑な網目状になることから「食物網」とよんでいる。

種間関係：競争排除の法則

　アメリカ大陸に生息するピューマとアフリカ大陸に生息するライオンは肉食動物で食物連鎖の最上位にいる点（食物連鎖上の地位）そして草原から森林にかけて生息する点（場所的地位）でも大変似ている。例えば、ピューマとライオンが同じ場所で生活をしたらどのようなことが起こるのだろうか。おそらく、生活場所や食べ物を争い、どちらか一方が残るか、あるいは、どちらか一方が生活場所や食べ物の種類を変え共存することになるであろう。このように、生態系では「ニッチ（食べ物や生活場所）を共有する複数の種の共存は困難である」という考え方がある。これを「競争排除の法則」あるいは「競争排他の原理」とよぶ。

共存を可能とするメカニズム

自然界では2種、あるいは少数の種の関係だけを考えると、生き物が共存する社会は実現しない。しかし現実の世界では多種多様な生き物が共存して暮らしている。この現実をどう解釈したらよいのであろうか。多種多様な生き物の種が共存する現実の世界では、多種多様な生き物の種の共存を可能とするメカニズムがある。例えば、現実の世界では、多種多様な種が食物網で結ばれているため、1種類のエサをめぐって争うことがないこと（食物連鎖上の地位）、気温や雨量、地形などの要因が場所により異なることにより、場所的地位が競合する可能性が高くはないことなどが考えられる。

共存を可能とするメカニズム：すみわけ

競合し合うよく似た生活様式の複数の生き物の場合、競争の結果一方が生息場所を変える場合がある。これを「すみわけ」という。競争を回避し共存していこうとする生き物の知恵である。イワナとヤマメは夏期の平均水温が13～15℃を境に、上流側の冷流にはイワナが、18～20℃の下流側にはヤマメがすみわけて生息している。

共存を可能とするメカニズム：相利共生

多種多様な生き物の種の共存を可能とするメカニズムでもっとも重要であると考えるのは、ギブアンドテイクの関係である相利共生関係である。

競争の時代から共生の時代へ

生き物は強くなくても生き残れる。その考えのもとでは、ダーウィンの提唱した「適者」とは、競争の末勝ち残ったものでなく、競争の時代を超え、他の生き物とともに生きる道を選んだもの、と理解されるようになってきた。すなわち、相利共生の関係が多くの生き物を生存させる大きな要因ということになる。

生物間相互作用

自然界では、機能が異なる生き物であるにもかかわらず、生物同士が影響を及ぼし合う作用が働くと強いものと弱いものがともに生き残ることができるようになる。生き物は生息密度が小さいときには互いに出くわすこともなく及ぼし合う作用は働かないか小さい。このような場合、生き物は個々の能力で独立に増殖し、生態系という受け皿の有する限界容量（環境容量）まで増え続けようとする。しかし、増え続けていった結果、生き物は他の生き物と出会い、その存在を無視するわけにいかず、互いに生物間相互作用を及ぼし合うようになる。

ギブアンドテイクの関係

自然界の生き物は利己的である。それゆえ、他の生き物と仲良くつき合おうという相互作用を及ぼし合うのではなく、お互い偶然に自分に欠けているものが他方で補えることを知ったとき、ギブアンドテイクの関係が結ばれていく。さらには、互いに生きていくうえでぶつかり合うことのない、あるいは、ぶつかることの少ない妥協点が見いだされることにより共生関係へと発展していくのである。相手のために何かをしてあげるのではなく、自分が生き残るために相手を利用し、相手も自分を利用するという相利共生の関係が、自然界、生態系内の共生であり、双方、大変な緊張のうえに成立する関係なのである。

遥かに強く生き残れる社会

多様な生き物が双方に関係し合うことによって、個体で生きていくよりも遥かに強く生き残れる社会が、自然界における共生社会である。生物間の敵対や競争よりも共生のほうが安定しており、資源を取り尽くす心配のない関係である。そして、共生こそが生物多様性を維持するうえで必要不可欠なのである。

生物間相互作用：絶滅カスケード

ある生き物が絶滅すると、それを利用していた捕食者や共生関係にある生き物の数が減少したり、逆に、絶滅した生き物に捕食されて個体数が一定に保たれていた生き物が大発生するなど、安定していた生態系のバランスが崩れ、生態系の種組成に大きな変化が生じる。アマゾンなどの熱帯林では、1種類の植物が何らかの原因で絶滅すれば、それに依存あるいは共生して生きてきた昆虫や他の多くの生き物10〜30種程度が道連れとなり消えていくことがわかっている。西アフリカでは密猟によってゾウが激減すると同時に、約20種の樹木の若木も見られなくなった。この樹木の実はゾウに食べられ排泄されないと発芽できない特殊性をもっているからである。

生態系

生態系は「食う-食われるの関係」でつながっている「食物連鎖」、排泄物や遺体が分解されて栄養分に戻り、再び他の植物や菌類に取り込まれる「物質循環」、それらに伴う「エネルギーの流れ」など、生態系全体を通して有機的につながりバランスを保つ「連鎖・循環・流れ」から成立している。その中で同種の生き物は種間競争を繰り広げ、生き延びたものは子孫を残す。

作用、反作用、相互作用

地球上のすべての生き物は、必ず他の生き物とかかわりをもちながら生活している。相互作用は、生態的同位種のあいだの競争排除といった「競争関係」、食う-食われるという捕食者と被食者、あるいは寄生者と宿主のあいだにみられる「敵対関係」、サンゴと褐虫藻のあいだにみられる「共生関係」に分類される。「競争関係」は生産者同士など同じ栄養段階にある生き物間の相互作用であり、「共生関係」は生産者と消費者など、異なる栄養段階にある生き物の間の相互作用である。

生物間相互作用：相利共生

モーリシャス諸島から姿を消した飛べない鳥ドードーは、カルバリア・メジャーという樹木の硬い実を好んで食べていた。この果実は種子を包み込む殻が石のように硬く、ドードーが食べることにより胃の中で殻が砂のうの中の小石ですりつぶされ、その状態で体内から排出されるため、地上で発芽することができたと考えられている。ドードーの絶滅のため発芽のチャンスを失ったカルバリア・メジャーは、現在急速にその個体数を減少している。

生産者

光合成を行う植物を「生産者」という。光合成を行う植物は炭素源として無機物の二酸化炭素を取り入れ、エネルギー源に太陽光を用いて炭水化物や脂肪、タンパク質などの有

機物を生産している。自分に必要な栄養分を生産する自給自足型の生き物を「独立栄養生物」とよび、独立栄養生物は生産者である。このような光合成をする生き物のいる環境には、それらが生産した有機物を摂取して生活する多くの「従属栄養生物」が存在している。

分解者
　植物の枯葉や枯枝、生き物の遺体や排泄物等に含まれる有機物を摂取、分解してチッソやリン、カリウムなどの無機物に変え、その際生じるエネルギーを使って生活している生き物を「分解者」という。

自然界の物質循環
　生き物は環境からさまざまな物質を取り込み自らの体を作り生活している。一方、排泄物や遺体として不用となった有機物を環境に放出している。植物によって無機的な環境中の無機物は有機物に合成され、合成された有機物は食物連鎖の過程で高次の消費者へと移動し、最終的には再び無機物へと戻っていく。これらの過程を通して物質は生態系の中を循環している。

共生と寄生
　「共生」とは「共同生活をする異種の個体または個体群がともに利益を交換していること」である。「相利共生」ともよばれる。他方、「一方だけが利益を受け、他方は利益も害も受けない関係」を「片利共生」という。また、ある生き物が他の生き物の体から栄養を搾取して生活する関係を「寄生」という。

絶滅カスケード
　食う–食われるの関係に限らず、同じ場所に生息する生き物は種間関係のネットワークでつながれ生態系を形成している。そのため一種の生き物が絶滅したり外部から侵入すれば、その影響は生態系全体へと波及する可能性があり、ときには、ひとつの影響が連鎖的に絶滅を引き起こす「絶滅カスケード」を生むのである。

生産者の有機物生産
　ある生態系の中で、生産者である植物が光合成によって光エネルギーを取り込み有機物を作りだすことを「物質生産」という。そして物質生産により生産される有機物の総量を生産者の「総生産量」という。生態系で物質生産を行えるのは生産者だけである。

消費者の物質収支
　ゾウなどは捕食したエサの約70％を不消化で排出するので、食べたエサを効率よく同化することができない。そのため1日に150から200キログラムもの大量の植物を摂食し、同化量を増やしている。しかし、その多量の不消化排出物のおかげで草本類は種子を遠方に拡散させ、広範囲に子孫を残すことができているのである。

各栄養投階での物質収支
　太陽の光エネルギーを使って植物が生産した有機化合物は、捕食によって高次の栄養段階へと移動し消費されていく。生態系は必要とするエネルギーをすべて太陽から得ている。

利用効率
　温帯の農耕地の生態系では、緑色植物である作物は太陽エネルギーの0.5％程度を純生

産として固定し、1年間に1ヘクタールあたり6,500キログラム程度の作物を生産していると考えられている。人間は平均して1人1年間に250キログラム程度の食糧を摂取しているが、それをすべて緑色植物で補うとすると、1ヘクタールあたり26人分の食糧を供給することになる。今度は1ヘクタールあたり6,500キログラムの作物をウシに摂食させたとすると、ウシの「利用効率(生態効率)」は10%程度なので、6,500キログラムの作物から650キログラム(乾燥重量)のウシが生産されることになる。650キログラムのウシは2.6人分の食料にしかならない。

生態系内でのエネルギーの流れ

生態系は必要とするエネルギーをすべて太陽から得ている。太陽の光エネルギーの一部は光合成に使われ地球上に固定される。一部は生産者自身の呼吸により分解しエネルギーを取りだして利用する。そしてエネルギーは生産者から食物連鎖に沿って草食動物、肉食動物へと移動し、各栄養段階の生き物の呼吸で消費され、最終的には熱となって生態系外へ分散していく。各栄養段階で発生した遺体や排泄物は分解者によって呼吸の材料にされ分解されていく。そして最終的には熱となって発散されてしまう。どの栄養段階でも代謝の際に熱が発生し、その熱エネルギーは環境中に放出され、最後は宇宙空間へ放出されてしまうため、再利用することはできなくなる。大切なことは、

○エネルギーは生態系の中を一方向に流れ、循環はしない
○エネルギー容量は光合成植物に依存するので、草食動物は光合成植物の量に規制される。このように生き物はエネルギーに規制されている

ということである。

利用可能なエネルギー総量

利用効率は10%前後のものが多い。今、太陽光から得るエネルギーを1と考えた場合、各栄養段階に受け継がれるエネルギーの割合は、植物の場合せいぜい1%程度であると見積もられている。このため植物以外のほとんどの生物は、植物が太陽エネルギーを同化できる1%のエネルギーに依存して生存していることになる。また、この植物を食べる一次消費者のエネルギー同化率はせいぜい10%程度であるため、太陽エネルギーの1,000分の1が一次消費者が利用することのできるエネルギー量となる。二次および三次消費者のエネルギー転換効率も10%程度であると考えると、この段階で利用可能なエネルギー総量は、入射エネルギーのそれぞれ1万分の1、10万分の1程度ということになる。

食物連鎖

各食物連鎖において、それぞれの種がどれくらいのエサを必要とするかを考えてみよう。「1人の人間を1年間養うには、マスを300匹必要とする。こうした順序でいくと、300匹のマスはカエルを9万匹、9万匹のカエルはバッタを2,700万匹、そして2,700万匹のバッタは、草を1,000トン食べる」ことになる。

生態系内での物質循環

消費者は捕食によって体内に取り入れた有機物の一部を使い呼吸を行い、二酸化炭素を大気中に放出する。また、一部は捕食によりさらに高次の消費者へと渡されていく。そし

て最終的には遺体や排泄物などになり分解者へ渡される。遺体や排泄物は分解者の呼吸により分解され、二酸化炭素となり大気中へ放出される。しかし、分解者が分解できなかった有機物は嫌気的条件で分解されずに腐植物（泥炭）として地中に堆積していく。泥炭の上層に土壌が厚く堆積すると、その重みによる圧力や、圧力による熱の影響により、長い時間をかけて石油や石炭になる。海洋では、植物プランクトンの遺体が海底に堆積することで同様に石油や天然ガスとなる。その石炭や石油、天然ガスを人間が外へ取りだし燃やすことによって、炭素は再び二酸化炭素となり大気へ戻っていく。

相利共生の関係
ダイズやクローバー、レンゲソウなどのマメ科植物の根には「根粒」とよばれるコブがあり、その中に「根粒菌」が共生している。根粒菌は大気中のチッソを取り込み固定しアンモニウム塩に変えマメ科植物に与える。マメ科植物はこのアンモニウム塩を吸収し、チッソ同化によりアミノ酸を作りたんぱく質を合成していく。そして根粒菌に栄養分を与えている。

生態系の多様性を守る
生態系の多様性とは、種数が多く、それぞれの個体数が均等しており、生物量（生産量）が大きく、構造が複雑で、関係性も密な生態系は多様性の高い自然（豊かな自然）であるということができ、マングローブ林、干潟や熱帯多雨林などはこれによく当てはまる。生物多様性は、遺伝子レベル、種レベル、生態系レベルの3つのレベルでとらえることができるが、まず、生態系レベルでの多様性を確保することが、遺伝子レベルや種レベルの多様性の保持にもつながることになる。

生物間相互作用：キーストーン種
群集における生物間相互作用と生物多様性の要をなしている種のことで、その種を失うと生物群集や生態系が異なるものに変質してしまうと考えられている。キツツキ類はキーストーン種の代表例である。キツツキは樹木の中に生息する昆虫を採取するため幹に小さな穴を開けたり、巣を作るために大きな穴を開ける。その穴はフクロウなどの樹洞性の鳥類やコウモリ、ムササビなどの哺乳類に利用される。もしキツツキ類がいなくなれば、これらの動物の生活環境は厳しくなり、その生態系から姿を消していくことになる。

アンブレラ種
生息地面積が大きく食物連鎖の最高位、すなわち生態系ピラミッドの最高次に位置する消費者のことである。アンブレラ種が生息する生態系では、生態系ピラミッドの傘下の多くの種が生息・生育できるとみなされるため、アンブレラ種が生育できる生態系を保全すれば、生物多様性が保全されると考えられている。日本ではワシ・タカ類といった猛禽類やクマなどが相当する。アンブレラ種を保全する際に大切なことは、イヌワシやクマタカという単一の生き物だけに目を奪われるのではなく、生息する生態系全体を視野に入れた取り組みが必要不可欠となる。

生物多様性の維持
特定の個体や種のみに保護の手を加えると、かえって生態系全体のバランスを崩す恐れ

もある。かつて狩猟用のシカを保護するために捕食者のオオカミを駆除したところ、シカが増えすぎて植生が破壊され、結局はシカも減ってしまうという出来事があった。すでに本来の生態系が破壊されていて、緊急避難的に特定の個体や種を保護することは、それなりに重要なことであるが、本来は破壊される前に生態系全体を考え保全することが一番大切である。貴重な種ばかりを取り上げるのではなく、多様な種の存在についても考えなければならない。生物多様性を維持するということは、守るべきものは遺伝子あるいは種だけでは不十分であり、それぞれの生物特有の暮らしと暮らしている環境の保全が何にも増して必要である。

安定な生態系

安定した生態系は健全な生態系といえる。安定した生態系内では物質が滞りなく循環し、食う-食われるの関係が釣り合いのとれた状態で成立している。この状態を「生態系の平衡」という。安定した生態系では、この生態系を構成するすべての種が自律的に共存することができる。安定した生態系は生産者である植物の種類、量が多く、それをエサとする消費者の種類や個体数も多くなる。複雑な食物網が形成されているため、特定の種類が急に増減することはない生態系である。

不安定な生態系

開発により生息地が破壊、分断されれば、植物の種類や量も減少し、それを食べる昆虫なども種類や数を減らしていくことで生態系は劣化していく。このような不安定な生態系では、限られた種類の昆虫のうちのある種が大繁殖したかと思えばやがて特定のエサを食べ尽くし全滅していくこともある。また、農耕地や里山は人間の管理により形成された生産者と、それに釣り合った種類、数の生き物が生息する場所であったが、放置すればたちまちバランスが崩れ生態系は荒廃する。

絶滅の危機

2007年の環境省のレッドデータブックによれば、哺乳類の24%、鳥類の13%、爬虫類の32%、両生類の34%、汽水・淡水魚類の25%、陸・淡水産貝類の25%、維管束植物の24%が絶滅のおそれのある種に指定されている。日本の多くの野生生物は、現存する約4分の1が絶滅の危機に瀕している。

生物多様性が豊かな社会

生き物は、この生物多様性と自然の物質循環を基礎とする生態系が健全に維持されることにより成り立っている。したがって、生物多様性が豊かな社会を作りあげるためには、
○地域固有の動植物や生態系などの生物多様性を地域環境としてとらえ、地域特性に応じた保全をすること
○人間活動は、生物多様性を劣化させることなく、持続可能な自然資源の利用を行うことが大切である。

生物多様性の危機

生物多様性は、主に以下に示す3つが原因で劣化が進行し、危機を迎えている。
○第1の危機（自然に対する人為の働きかけが大きすぎる）

○第２の危機（自然に対する人為の働きかけが小さすぎる）
○第３の危機（移入種による生態系のかく乱）

生物多様性を保全する

　生物多様性の保全の必要性についての価値観は、人間中心の立場と人間を含めた生き物としての立場いずれかに立つことで、大別すると２つの考えかたがある。人間中心の立場で考えれば、人間が快適で豊かな生活を送るために生物多様性が必要となるので、それを保全する必要があるとするものである。一方、人間を含めた生き物としての立場で考えれば、あらゆる生き物は生態系を形成する重要な構成要素のひとつとなる。あらゆる生き物がその存在の基盤を生態系においている以上、生物多様性の保全は不可欠であるとする考えかたである。

個体群の問題

　単一個体群の種、あるいは個体数の小さな個体群（集団）は、多くの個体群から構成される種、あるいは単一であっても個体数の大きな集団と比べると人為的改変に対して脆弱である。とくに個体群が小さくなっている場合には絶滅の可能性はきわめて高くなる。個体群の個体数が大きくても生息密度が低い場合には、道路等の開発行為により生息域が分断され、１つのまとまりにわずかな個体しか生息していないという状況が作られることがある。個体数がきわめて小さいとその種は子孫を残すことが困難となり（近交弱勢）、絶滅の可能性は高くなる。また、集団内からキーストーン種がいなくなった生態系は、崩壊する速度がきわめて速くなる。

生息地の問題

　島しょ（小さな島々）あるいは分断され断片化してしまったきわめて限られた生息域に生息している種は、人為的改変に対しとても脆弱である。感染症や有害物質による汚染などが一度発生すれば、その影響は瞬く間に広がり絶滅の危険性がきわめて高くなる。そのため生息域は最低でも２か所は必要であり、そのあいだの移動経路は確保されている必要がある。生息域の自然環境が改変されると、そこには優先的に外来種が侵入、定着することがある。多くの在来種には外来種に対抗する力をもっておらず、絶滅の可能性が高くなる。

移動の問題

　環境が改変されても、移動能力に優れた生き物は新たな生息地を探し移動することができる。しかし、移動能力が低い、あるいは移動能力を上回る速度で環境変化が進行することにより絶滅の可能性は高くなる。

　また、渡り鳥やサケの遡上のように長距離を移動しながら生活する生き物にとっては、移動を妨げる障害物の存在や中継地の破壊などにより生活環境を保持することができなくなるため、絶滅していく可能性がある。

絶滅のメカニズム

　人為の影響で生息地が破壊・分断されたり、乱獲や外来種あるいは有害化学物質、海洋汚染などの環境汚染の影響を受け、個体群の減少化が進行していくと、個体群はもとに比

べ小集団となる。個体群の絶滅の可能性は、一般的には小さな個体群のほうが大きな個体群よりも高い。これは個体群が小さくなるに従い遺伝子の多様性（遺伝的変異）が減少し、環境変動への適応力が低下するとともに近交弱勢が進んでいくためである。その結果、生存率は低下し個体数はさらに減ることになる。小集団化した個体群は生まれてきた子孫の性比がオスやメスに偏っていたりといった偶然的な人口学的変動の影響を受けやすく、さらには気象などの環境変動の影響が加わることで、環境変動への適応力が低下している個体群は個体数が激減していく。

絶滅の可能性

遺伝的変異は遺伝子の多様性を表す指標であり、遺伝子の多様性が高ければ着目する形質の遺伝子（対立遺伝子）が異なる組み合わせとなっているヘテロ接合の確率が高くなる。しかし、小さな個体群ではこの対立遺伝子の変動は安定せず、偶然によって不規則に変動するようになる。この過程を「遺伝的浮動」とよぶが、その結果、偶然により消滅してしまう遺伝子が生じることがある。これが「遺伝的変異の減少」である。

ボトルネック効果

個体群の個体数が減少すると、ヘテロ接合の割合が減少し、他集団から新個体が侵入してきたり、近交弱勢あるいは「異系交配」による弱勢などの有害な遺伝的影響を受けやすくなる。異系交配とは、種数や生息地面積が著しく減少した場合にみられる、異種間での交配のことである。この結果生じた子孫は生活力に乏しいことが多い。この状態を「異系交配弱勢」という。こうなると、多様性が回復するまでに多くの時間が必要となり、例えば個体数はもとへ戻ったとしても、遺伝子のヘテロ接合度は低いままで推移していくことが多くなる。このような現象を、ビンの口が細くしまっている様子にたとえ「ボトルネック効果」とよんでいる。

個体群の有効サイズ

ある個体群において、例年に比べ死亡率が高く出生率が低い年があったとする。小さくなっていく集団は、その翌年にはさらに人口学的な変動を受けやすくなる。ここに生息地の破壊や分断による影響が加われば、その集団は絶滅する可能性がきわめて高くなることは容易に想像される。一般的には個体群を構成する個体数が50個体以下になると、各個体の出生率、死亡率の偶発的変動が直接その集団を構成する個体数の偶然な変動に影響を与えるといわれている。PVAから算出される個体群の有効サイズは50個体以上ということができる。さらに、遺伝子の多様性を維持していくためには個体群の有効サイズは500個体以上に保つ必要があるとされている。

集団を保全する

局所個体群や地域個体群は、自然交雑により遺伝子の多様性の維持・回復に寄与しているが、常に人為的あるいは自然現象によりかく乱され不安定な環境下にあるため、たとえこのレベルで個体群が絶滅したとしても、メタ個体群内の局所個体群のネットワークが形成されていれば、それを通じて個体群は遺伝的に保存されることになる。逆に考えれば、局所個体群のつながりが分断されることで、個体群の絶滅の可能性はきわめて高くなると

いうことである。メタ個体群の考え方に立てば、個体群は１つの生息域で出産、成長、繁殖、死亡を完結させているのではなく、移出入により複数の局所個体群（パッチ）を利用していることになる。したがって、対象とする個体群動態は観察対象ではない場所（他の局所個体群）の変動にも影響されるため、個体群を保全する場合にはメタ個体群のレベルで保全することが必要となる。

エコロジカル・ネットワーク
　動物にはそれぞれの行動形態があるが、通常はエサ場、ねぐら、繁殖場の３つの場所を移動しながら暮らしている。したがって、それぞれの場所が保護されたとしても、３か所を自由に移動できる環境が消失していては、動物は生きてはいけなくなる。このような場合にもコリドーで生息地や保護地域をつなぐエコロジカル・ネットワークが不可欠となる。

事項索引

あ 行

荒起こし　154
アリー効果　61
アンブレラ種　52
異系交配　61
異系交配弱勢　61
異所的種分化　23
遺存種　153
遺伝子　6
　——の多様性　4, 7
遺伝的浮動　8, 61, 163
遺伝的変異　56
遺伝的劣化　8
遺伝に関する法則　6
インテリア種　70
インバース・マニファクチュアリング・システム　131
ウイルス　11
栄養段階　30
エコシステム・アプローチ　50, 75
エコファーマー　155
エコ・フェミニズム　105
エコロジカル・ネットワーク　72, 156
エコロジカル・フットプリント　93
エコロジカル・リュックサック　93
エッジ効果　70
エッジ種　70
エネルギーの流れ　43
エンド・オブ・パイプ　131
オーバーユース　49
奥山　153
汚染者負担の原則　92

か 行

概日時計　26
概日リズム睡眠障害　136
風の道計画　151

片害作用　21
環境　25
環境会計　128
環境監査　128
環境共生住宅　149
環境共生都市　150
環境効率性　126
環境収容力　59
環境変異　7, 163
環境マネジメントシステム　127
環境容量　22, 80, 122, 125
環境ラベル　128
完全変態　13
キーストーン種　52
危急種　54
寄生　20, 97
寄生生物　20
基礎生産者　29
ギャップ分析　65
共進化　22, 99
共生　20, 96
共生社会　100
競争原理　21
競争排除の法則　19, 104
協調戦略　105
共有地の悲劇　79
近交弱勢　7, 163
菌類　12
食う―食われるの関係　17, 104
クラインガルデン　152
グリーン・コンシューマー　126
軍拡競争　99
群集　14
群落　15
景観の多様性　4, 45
形質　6
系統　9

原核生物　11
原生動物　13
現存量　32
交雑　7
高次消費者　29
後世動物　13
五界説　9, 10
国際分業論　142
穀物の間接消費　107
個体　14
個体群　14
　──の成長　16
個体群絶滅（存続）可能性分析　60
個体群動態　58
コモンズの悲劇　79
コンサベーション・インターナショナル（CI）　64
根粒菌　41

さ　行

最小存続可能個体数（MVP）　60
細胞内共生説　98
雑種　7
雑種第一代　7
里地里山　152
サマータイム制度　137
作用　25, 26
三界説　10
自然選択説　21
持続可能な社会　164
持続可能な発展　123
実利主義　111
島の生物地理学　68
市民農園　151
社会生態学的生産ランドスケープ　102
社会的企業　127
シャロウ・エコロジー　115
種　14
　──の多様性　4, 24
従属栄養生物　29
種間関係　17, 103

種数―距離関係　71
種数―面積関係　68
種内関係　15, 103
種分化　23
順位制　16, 103
純系　7
純生産量　33
象徴種　54
消費者　28, 29
植物　12
食物網　18
食物連鎖　18
食糧　129
食料　129
代掻き　154
真核生物　11
人口の原理　140
スピリチュアル・エコロジー　118
すみわけ　20
生産効率　35
生産者　28
生産量　32
生殖隔離　23
生食連鎖　18
生態系　15, 25, 43
　──の多様性　4
　──の平衡　44
生態系ピラミッド　31
生態効率　33, 36
生態的指標種　53
生態的地位　18, 104
生態的同位種　18
成長量　32, 33
生物界の分類　9
生物間相互作用　27
生物群集　14
生物多様性　3, 162
生物多様性条約　75
絶滅の渦　56
ゼロ・エミッション　131

善導大使　164
相互作用　25, 27
総生産量　32
相利共生　20, 97
ソーシャル・エコロジー　116

た　行

ダーウィンの進化論　8
ダーウィンの箱庭　85
対立遺伝子　6
他感作用　21
脱チッソ作用　42
多文化共生　162, 164
炭素循環　37
地球規模生物多様性情報機構（GBIF）　75
地球圏・生物圏国際共同研究計画（IGBP）　76
地球的公正　125
チッソ固定　41
チッソ循環　40
チッソ同化　40
チプコ　117
ディープ・エコロジー　114
デトリタス　18
同化量　33
同所的種分化　24
独立栄養生物　29
都市生態系　147
突然変異　7, 163
ともいき　164
トランスパーソナル・エコロジー　119
トリレンマの構造　124

な　行

なわばり制　15, 103
南北問題　89
二界説　10
ニッチ　18, 104
ニッチ戦略　104
ニッチ分化　104
二名法　9

は　行

パーマカルチャー　145
バイオ・リージョナリズム　120
バクテリア　11
パッチ　62
ハビタット　18, 104
反作用　25, 27
ハンバーガー・コネクション　85
ビオトープ・ネットワーク　156
被食者　17
ファクター10　129
ファクター4　129
フェミニズム　116
不完全変態　13
不協和戦略　105
腐食連鎖　18
物質循環　42
物質生産　32
分解者　28, 29
文化的多様性　162
変異　7, 163
片利共生　20
捕食者　17
保全　101
保存　101
ホットスポット　64
ボトルネック効果　61
ホメオスタシス　45
ボルテックス効果　56

ま　行

マルサス的成長　58
水の循環　37
密度効果　58
緑の革命　140
ミレニアムエコシステム・アプローチ　76
ミレニアム生態系評価　3
無機的環境要因　25
無光層　40
メタ個体群　62

や・ら行

宿主　20
有機的環境要因　28
有光層　39
優性　7
　――の法則　7
四界説　10
ライフサイクルアセスメント（LCA）　128
リーダー制　16, 103
利用効率　34, 36
リン循環　42
劣性　7
レッドデータブック　48

レッドリスト　48
ローカル・コモンズ　92
ロジスティック曲線　16, 59
ロジスティック成長式　59
ロジスティックモデル　59

EMS　127
GIS（地理情報システム）　65
ISO14001　128
IUCN（国際自然保護連合）　48
PVA　60
SLOSS 問題　67

人名索引

あ・か行

アロー，ケネス・ジョセフ　91
エマーソン，ラルフ・ウォルドー　113
カーソン，レイチェル　116
キング，イネストラ　117
グドール，ジェーン　119

さ・た・な行

椎尾弁匡　96
スワロー，ヘレン　105
ソロー，ヘンリー・デヴィッド　113
ダーウィン，チャールズ・ロバート　21
タンスレー，アーサー・G.　25
ドボンヌ，フランソワーズ　116
ネス，アルネ　114

は・ま・ら行

ハーディン，ギャレット　79
ハワード，エベネザー　143
ピンショー，ギフォード　111
フォックス，ワーウィック　119
ブクチン，マレイ　116
ヘッケル，エルンスト　10
ベリー，トーマス　118
ホイッタカー，ロバート，H.　10
マーギュリス，リン　98
マーチャント，キャロリン　117
マルサス，トーマス・ロバート　140
ミュアー，ジョン　111
メンデル，グレゴール・ヨハン　6
モリソン，ビル　145
リンネ，カール・フォン　9

〈著者略歴〉

中山　智晴（なかやま　ともはる）

1988年　早稲田大学大学院理工学研究科博士後期課程資源工学専攻修了
現　　在　文京学院大学人間学部教授、工学博士（早稲田大学）
主要著訳書：「地球に学ぶ 第3版 〜人、自然、そして地球をつなぐ〜」
　　　　　　（単著、北樹出版、2016年）
　　　　　　「人間共生学への招待 改訂版」（共著、ミネルヴァ書房、
　　　　　　2015年）
　　　　　　「地球との和解　人類と地球にはどんな未来があるのか」
　　　　　　（共訳、麗澤大学出版会、2009年）

【改訂版】競争から共生の社会へ──自然のメカニズムから学ぶ

2012年 9月15日　初版第1刷発行
2016年 9月15日　改訂版第1刷発行
2022年 9月15日　改訂版第3刷発行

著　者　中山　智晴

発行者　木村　慎也

定価はカバーに表示　　印刷　新灯印刷／製本　川島製本所

発行所　株式会社　北樹出版

URL：http://www.hokuju.jp

〒153-0061　東京都目黒区中目黒1-2-6

電話(03)3715-1525(代表)　FAX(03)5720-1488

Ⓒ Tomoharu Nakayama 2016, Printed in Japan ISBN978-4-7793-0491-0
（落丁・乱丁の場合はお取り替えします）